Neurogene Dysphagie

Zur Frage des Zusammenhangs zwischen neurogener Dysphagie
und Beeinträchtigungen nichtsprachlicher, parasprachlicher und
sprechmotorischer Willkürfunktionen

von

Gudrun Bartolome

Tectum Verlag
Marburg 2004

Bartolome, Gudrun:
Neurogene Dysphagie.
Zur Frage des Zusammenhangs zwischen neurogener Dysphagie
und Beeinträchtigungen nichtsprachlicher, parasprachlicher
und sprechmotorischer Willkürfunktionen.
/ von Gudrun Bartolome
- Marburg : Tectum Verlag, 2004
Zugl.: München, Ludwig-Maximilians-Univ. Diss. 2004
ISBN 978-3-8288-8654-4

Tectum Verlag
Marburg 2004

Danksagung

Mein besonderer Dank gebührt Herrn Univ.-Prof. Dr. phil. Manfred Grohnfeldt vom Institut für Sonderpädagogik, Lehrstuhl Sprachheilpädagogik der Ludwig-Maximilians-Universität München, der mich entscheidend für diese Arbeit motivierte und bei allen Fragen mit fachlicher Begleitung zur Seite stand.

Herr PD Dr. Wolfram Ziegler, Leiter der Entwicklungsgruppe für Klinische Neuropsychologie, hat durch seine Vorarbeiten zum Themenbereich der sprechmotorischen Kontrolle und seine zahlreichen konstruktiven Anregungen wesentlich zum Entstehen der vorliegenden Arbeit beigetragen. Dafür möchte ich mich ganz herzlich bedanken.

Für die beispielhafte interdisziplinäre Zusammenarbeit und die fachärztlichen Ratschläge bedanke ich mich bei Frau Dr. H. Schröter-Morasch und Herrn Dr. W. Dobrinski. Ohne deren Impulse wäre diese Arbeit nicht vorstellbar.

Mein Dank gilt ferner den Mitgliedern „der Arbeitsgemeinschaft für Dysphagie". Dies gilt insbesondere für die Protagonisten dieser Gruppe, Herrn PD Dr. Ch. Hannig und Frau Dott. A. Wuttge-Hannig, sowie Herrn Prof. Dr. H. Feussner.

Für wertvolle Ratschläge und tatkräftige Unterstützung bei der statistischen Auswertung danke ich Herrn K. Stegmann.

Herrn Prof. Dr. G. Goldenberg, Leiter der Abteilung Neuropsychologie, Herrn Dr. M. Gadomski, ehemaliger Leiter der Abteilung Physikalische Medizin und Medizinische Rehabilitation, und Herrn Prof. Dr. H. Ingrisch, ehemaliger ärztlicher Direktor und Leiter der Abteilung Radiologie am Städtischen Krankenhaus München-Bogenhausen, danke ich für die Unterstützung und Förderung der Diagnose und Behandlung schluckgestörter Patienten.

Ein herzliches Dankeschön gilt auch den Kollegen des städtischen Krankenhauses München-Bogenhausen, die sich mit großem Engagement in das Fachgebiet Dysphagie eingearbeitet haben und mit ihrer Diskussionsfreude ständig zu neuen Ideen anregen.

Bei meinem Ehepartner und meinen beiden Töchtern möchte ich mich für die Unterstützung und Toleranz, die sie mir während des Entstehens dieser Arbeit entgegenbrachten, ganz herzlich bedanken.

Inhaltsverzeichnis

Einleitung

Der Schluckvorgang wird definiert als Transport von Nahrung, Flüssigkeit, Speichel und Sekret aus der Mundhöhle durch den Pharynx und Ösophagus bis zum Magen. Gestörtes Schlucken wird als Dysphagie bezeichnet. Der Begriff entstammt dem altgriechischen „dys = erschwert" und „phagein = essen". Als neurogene Dysphagien (ND) bezeichnet man Schluckstörungen, die infolge verschiedener neurologischer Erkrankungen entstehen.

Diagnostik und Therapie von Schluckstörungen wurden bis vor nicht allzu langer Zeit sowohl in der Rehabilitationsmedizin als auch in der Sprachheilpädagogik/Logopädie wenig beachtet. Mangelernährung und Exsikkose konnten meist noch als Folgen einer Schluckstörung erkannt und durch die Gabe von Sondennahrung entsprechend behandelt werden. Die pulmonalen Komplikationen durch Aspiration wurden meist im Zusammenhang mit der schweren Grunderkrankung, wie z.B. Schlaganfall gesehen und lediglich symptomatisch therapiert. Die Sprachheilpädagogen/Logopäden haben sich primär mit den höheren Hirnleistungsfunktionen der Sprache und des Sprechens beschäftigt und der elementaren Schluckfunktion wenig Aufmerksamkeit geschenkt. Die wachsende Anzahl von dysphagischen Patienten und die verbesserten medizinisch-diagnostischen Techniken, die verborgene Strukturen und Funktionen sichtbar machen, haben zu einem Umdenken geführt. Als Ergebnis der Zusammenarbeit verschiedener ärztlicher und therapeutischer Fachdisziplinen konnte vor zehn Jahren das erste deutschsprachige interdisziplinäre Lehrbuch zur Diagnostik und Therapie von Schluckstörungen publiziert werden (Bartolome, Buchholz, Hannig et al. 1993, ²1999).

Inzwischen hat sich die Einschätzung dieses Störungsbildes erheblich gewandelt. Grohnfeldt (2000, 2001, 2002, 2003) hat mit seiner Lehrbuchreihe der Sprachheilpädagogik/Logopädie entscheidend dazu beigetragen, die Schluckstörungen in die sprachtherapeutische Wissenschaft zu integrieren. Deutliche Veränderungen zeigen sich auch im praktisch-therapeutischen Geschehen. Immer mehr klinische Einrichtungen stellen die notwendigen Diagnoseinstrumente und Therapieausrüstungen bereit. Eine wachsende Anzahl an Sprachtherapeuten bemüht sich um eine spezifische, diagnostikgeleitete Intervention. Dies hat zu einer wesentlichen Verbesserung der Versorgung schluckgestörter Patienten geführt. Dennoch bestehen trotz aller Fortschritte noch viele ungelöste Probleme.

Die vorliegende Arbeit beschäftigt sich mit der Frage des Zusammenhangs zwischen neurogener Dysphagie und Beeinträchtigungen nichtsprachlicher, parasprachlicher und sprechmotorischer Willkürfunktionen. Es handelt sich hier um eine Problemstellung, die die Theorien der sensomotorischen Organisation berührt, unmittelbar das praktisch diagnostische Vorgehen betrifft und letztlich auch therapeutische Entscheidungen beeinflusst.

Die meisten klinischen Dysphagie-Tests bewerten neben der direkten Schluckprüfung„schluckrelevante" nichtsprachliche (z.b. Zungenspitze heben) und parasprachliche Willkürbewegungen (z.B. Einzelvokal-, Silbenübungen) (Linden, Kuhlemeier & Patterson, 1993, Goodrich & Walker 1997, Miller 1997, Logemann 1998, Murray 1999, Schröter-Morasch & Bartolome 1999, Murry & Carrau 2001, Mann, G. 2002, Crary & Groher 2003). Manche Testreihen integrierensogar Sprechbewegungen (Wort-, Satzreihen).Dabei wird vorausgesetzt, dass die Beurteilung selektiver oralmotorischer Willkürbewegungen Rückschlüsse auf die Schluckpathologie zulässt. Stellt man beispielsweise gestörte nichtsprachliche Zungenbewegungen oder artikulatorische Zielunsicherheiten fest, werden äquivalente Beeinträchtigungen des oralen Schluckmusters erwartet. Schließlich handelt es sich um ein und denselben Muskelapparat. Dies mag auf den ersten Blick logisch erscheinen und bei Läsionen der peripheren ausführenden Organe meist auch zutreffen. So kann sich ein Substanzverlust der Muskeln und angrenzender Strukturen nach chirurgischen Eingriffen auf die motorische Realisierung sämtlicher Bewegungskomponenten auswirken. Im Falle einer Schädigung des zentralen Nervensystems ergibt sich dagegen ein wesentlich komplexeres Bild. Hier sind zwar das Muskelgewebe und andere periphere Strukturen erhalten, es bestehen jedoch Beeinträchtigungen der zentralnervösen Steuerung. Letztere generiert das hoch koordinierte zeitliche Zusammenspiel der oralmotorischen Muskelsysteme, die dann entweder schlucken, sprechen oder nichtsprachliche, beziehungsweise parasprachliche Bewegungen ausführen.

Ob bei Affektionen des ZNS Schluckstörungen mit anderen oralmotorischen Funktionen assoziieren oder dissoziieren, ist letztendlich abhängig von der Organisationsstruktur des sensomotorischen Systems. Unser Wissen hierüber ist noch sehr lückenhaft. Derzeit rivalisieren zwei konträre Ansichten:

1. Theorie der gemeinsamen Kontrollprozesse

2. Theorie der spezialisierten, eigenständigen Kontrollprozesse

Liegen gemeinsame Organisationsprozesse vor, müssten die verschiedenen Funktionen des oralmotorischen Systems auch gemeinsam betroffen sein. Existieren dagegen spezifische Steuerungsmechanismen, sind isolierte Störungen möglich. Kombinierte Beeinträchtigungen würden nach dieser Ansicht bei parallelen Affektionen mehrerer Kontrollzentren auftreten.

Diese theoretischen Überlegungen führen zu der unmittelbar klinisch praktischen Fragestellung nach der Validität „schluckrelevanter" oralmotorischer Willkürbewegungen als Diagnosekriterium für dysphagische Störungen. Liegen tatsächlich spezialisierte Kontrollprozesse vor, sind wir bislang von falschen Schlussfolgerungen ausgegangen. Die Theorien zur Organisationsstruktur des sensomotorischen Systems beeinflussen gleichfalls therapeutische Fragestellungen und Entscheidungen. Den Modellen der gemeinsamen und eigenständigen Kontrollprozesse entsprechend, konkurrieren holistische und störungsspezifische Therapiemethoden. Selbst innerhalb der spezifischen Behandlungsverfahren gilt es, den Nutzen von schluckrelevanten Willkürbewegungen kritisch zu überdenken.

Obwohl von grundlegendem Interesse für die Sprachheilpädagogik/Logopädie, wurde die Frage des Zusammenhangs zwischen neurogener Dysphagie und nichtsprachlichen, parasprachlichen und sprechmotorischen Willkürbewegungen bislang vernachlässigt. Es existieren einige Studien mit allerdings differierenden Ergebnissen über den Zusammenhang zwischen Schluck- und Sprechstörungen. Das Thema Assoziation oder Dissoziation zwischen ND und gestörten nichtsprachlichen, parasprachlichen Willkürbewegungen ist noch nicht systematisch untersucht worden. Dies gab den Anstoß zu der vorliegenden Arbeit. Um erste Informationen zu gewinnen,müssen die Befunde der oralen Willkürmotorik sys-

tematisch mit einem möglichst objektiven Diagnoseverfahren verglichen werden.

Die vorliegende Arbeit gliedert sich in zwei übergeordnete Kapitel, das erste
umfasst die theoretischen Grundlagen und Hintergründe und das zweite die em-
pirische Untersuchung. Als Basisinformationen werden zunächst die Ursachen
und Folgeerscheinungen einer dysphagischen Störung, sowie die Physiologie
und Pathophysiologie erläutert. Zum besseren Verständnis der Problemstellung
folgt eine ausführliche Darstellung der sensomotorischen Organisation, einschließlich der Theorien über die Struktur der sensomotorischen Kontrollprozesse. Das Unterkapitel über diagnostischen Verfahren enthält die Begründung des
methodischen Ansatzes. Die Therapie wird unter Berücksichtigung der Problemstellung nach den Kriterien störungs- spezifische versus holistische Behand-
lungsansätze im Methodenvergleich dargestellt.

Das zweite Hauptkapitel beinhaltet die Beschreibung der empirischen Untersuchung zur Frage des Zusammenhangs zwischen Dysphagie und gestörten nichtsprachlichen, parasprachlichen und sprechmotorischen Willkürbewegungen.
Ausgehend vom derzeitigen Stand der Forschung wird die Fragestellung formuliert. Nach der Stichprobenbeschreibung und Darstellung des Untersuchungsma-
terials (Klinische Schluckuntersuchung nach Schröter-Morasch & Bartolome
1999, differentialdiagnostische Untersuchung mittels Videofluoroskopie) wird
die Variablenerhebung erläutert. Den Ergebnisbericht der hypothesenüberprü-
fenden Untersuchungen ergänzt die Interpretation wichtiger Teilergebnisse. Im
anschließenden Diskussionsteil wird das vorliegende Resultat durch neurowis-
senschaftliche Belege und Argumente untermauert, Konsequenzen für die klinische Diagnostik erörtert und möglichePerspektiven für das therapeutische Vorgehen aufgezeigt.

1 Theoretischer Teil

1.1 Ursachen und Folgeerscheinungen dysphagischer Störungen

1.1.1 Ursachen

Schluckstörungen kommen bei einer Vielzahl von Erkrankungen vor, entweder als isolierte Symptomatik oder kombiniert mit anderen sensomotorischen Funktionsbeeinträchtigungen. Die Pathologie kann akut auftreten oder sich schleichend entwickeln.

Die *Hauptursachen* von Schluckstörungen sind:

(1) Beeinträchtigungen der sensomotorischen Steuerung des Schluckprozesses (neurogene Dysphagien)

(2) Strukturelle Schädigungen der ausführenden Endorgane und benachbarter Bereiche (z.b. nach chirurgischer, radiologischer oder chemotherapeutischer Tumorbehandlung)

Des Weiteren können Dysphagien bei schweren neuropsychologischen Störungen (z.B. Aufmerksamkeitsstörungen, Antriebsstörungen, kognitiven Beeinträchtigungen) und bei psychogenen Erkrankungen auftreten oder sich als Folge von Fehlanpassungen entwickeln.

Die vorliegende Arbeit beschäftigt sich mit der komplexen Problematik der neurogenen Dysphagien (**ND**) und im Besonderen mit der ND nach zerebrovaskulärer Erkrankung. Neurologisch bedingte Schluckstörungen können durch Läsionen auf verschiedenen anatomischen Ebenen verursacht werden (Buchholz & Prosiegel 1999, Goldenberg 1999):

- Zentralnervensystem (ZNS)
  - o Großhirnkortex
  - o Deszendierende Bahnen vom Großhirn zum Hirnstamm (kortikobulbäre Bahnen)
  - o Hirnnervenkerne und Schluckzentren des Hirnstamms

- Peripheres Nervensystem (PNS)
  - o Motorische Fasern der Hirnnerven V, VII, IX, X, XI, XII und der oberen drei Zervikalnerven, sensorische Fasern der Hirnnerven V, VII, IX, X
  - o Neuromuskuläre Übergangsregion/Synapse
  - o Muskulatur

Dies verdeutlicht, dass Schluckstörungen auf allen Ebenen der sensomotorischen Steuerung auftreten können und deshalb als Folge zahlreicher neurologischer Erkrankungen mit unterschiedlicher Häufigkeit vorkommen können.

Eine herausragende epidemiologische Bedeutung hat der Schlaganfall, der als die häufigste Ursache einer ND gilt. Der Begriff „Schlaganfall" bezeichnet eine durch zerebrovaskuläre Erkrankungen verursachte heterogene Krankheitsgruppe. Unterschieden wird zwischen dem ischämischen Infarkt nach Gefäßverschluss (ca. 85%) und dem hämorrhagischen Insult (ca. 15%) nach intrazerebraler Blutung und Blutungen in die weichen Hirnhäute (Subarachnoidalblutung) (Netter 2001). Der Schlaganfall tritt mit einer Inzidenz (Neuerkrankungen pro Jahr) von 316-348 pro 100 000 Einwohner auf (Mayer & Wiechers 1993). Unter den Patienten die einen Schlaganfall überlebt haben zeigten in der Akutphase 40 bis 55% (Daniels et al. 1998, Alberts et al. 1992), bei Hirnstammläsionen sogar über 60% eineSchluckstörung mit Aspiration (Horner 1991). Aufgrund der häufig auftretenden Sensibilitätsstörungen kommt es nach Daniels et al. (1998) bei mehr als 2/3 der Betroffenen zur so genannten „stillen Aspiration" (= Aspiration ohne Hustenreflex). Glücklicherweise bilden sich in vielen Fällen die Schluckstörungen innerhalb der ersten drei Wochen spontan zurück, dennoch verbleiben 16% in der chronischen Phase (Kuhlemeier 1994). Johnson et al. berichten noch 1993, dassbei radiologisch nachgewiesener Schluckstörung innerhalb eines Jahres nach zerebrovaskulärer Erkrankung bei fast 50% der Betroffenen Aspirationspneumonien auftraten.

Die wichtigsten Ursachen der ND sind in Tabelle 1.1 zusammengefasst (ausführliche Übersichten finden sich bei Buchholz & Prosiegel, 1999, Buchholz 1997, Schröter-Morasch 1999b). Soweit vorhanden, sind epidemiologische Daten hinzugefügt. Insgesamt sind die Häufigkeitsangaben kritisch zu bewerten, da keine einheitlichen Beurteilungskriterien vorliegen. Es wurden entweder klinische Parameter (z.b. Husten als Folge einer Aspiration, Aspirationspneumonie), pathologische videoendoskopische oder radiologische Befunde herangezogen. Deshalb ist es hilfreich die Folgeerscheinungen dysphagischer Störungen klar zu definieren.

Tabelle 1.1: Ursachen und Prävalenz neurogener Dysphagien (mod. nach Schröter-Morasch 1999a).

Neurologische Erkrankung	Prävalenz	Literatur
Zentralnervensystem		
• Zerebrovaskuläre Erkrankungen		
Akutstadium		
Postakutes Stadium	40-55%	Alberts et al. 1992, Daniels et
• Schädel-Hirn-Trauma	16%	al. 1998, Kuhlemeier 1994
Akutstadium		
Postakutes Stadium	82%	Winstein 1983
• Degenerative Erkrankungen	14%	Yorkston et al. 1989
o Morbus Parkinson		
Fortgeschr. Stadium	40-50%	Kuhlemeier 1994, Hartelius &
	90%	Svensson 1994, Blonsky et al.
o Amyotrophe Lateralsklerose		1975, Stroudly & Walsh 1991
Fortgeschr. Stadium		
o Chorea Huntington	48-100%	Kuhlemeier 1994
Fortgeschr. Stadium		
• Entzündliche Erkrankungen	95%	Kagel & Leopold 1992
o z.B. Multiple Sklerose		
	10-30%	Garfinkle & Kimmelmann
• Tumoren, v. a. der Schädelbasis		1982, Hartelius & Svensson
• Hypoxien, Intoxikationen		1994
• Iatrogene Ursachen		
o z.B. Medikamentenwirkungen		
Peripheres Nervensystem		
• Erkrankungen der Hirn- und Zervikalnerven		
o Entzündliche Erkrankungen		
z.B. Guillian-Barré-Syndrom	Bis 100%	Chen et al. 1996
o Tumoren		
• Erkrankungen des neuromuskulären Übergangs		
z. B. Myasthenia gravis	53%	Jerusalem 1979
• Muskelerkrankungen		
z.B. Dermatomyositis, Polymyositis	12-54%	Kuhlemeier 1974

1.1.2 Folgeerscheinungen

Patienten mit Schluckstörungen sind auf mehrfache Weise behindert. Als Erklärungsmodell kann die von der Weltgesundheitsorganisation entwickelte Unterteilung der Folgeerscheinungen einer Krankheit dienen (International Classification of Functioning, Disability and Health, Internationale Klassifikation der Funktionsfähigkeit, Behinderung und Gesundheit - ICF. Verfügbar unter http:www.dimdi.de/de/klassi/ICF/index.html). Die folgende Abbildung illustriert das ICF-Modell.

Abbildung 1.1: Komponenten der Folgeerscheinungen einer Krankheit nach dem ICF-Modell der Weltgesundheitsorganisation (WHO.ICF 2001).

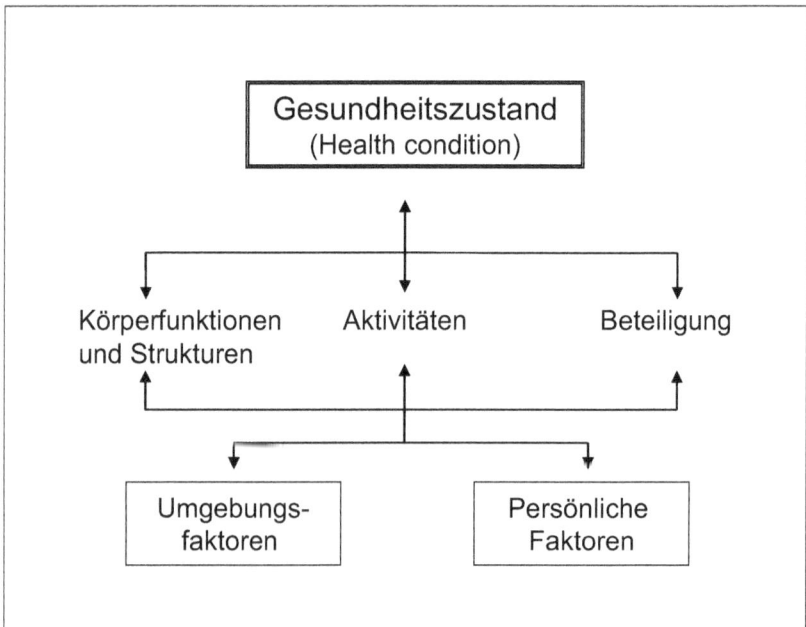

Die Basis stellt die *Grunderkrankung,* beziehungsweise der ***Gesundheitszustand*** (health condition) dar. Nach der neuen WHO- Klassifikation werden negative Begriffe vermieden und deshalb der Ausdruck „health condition" statt Erkrankung verwendet. So ist bei einer Dysphagie der Gesundheitszustand durch die zugrunde liegende Erkrankung beeinflusst (siehe vorhergehendes Unterkapitel). Diese bestimmt entscheidend die Dynamik des Remissionsverlaufes oder bei fortschreitenden Erkrankungen die Progredienz der Symptome. Der Gesundheitszustand bildet die Basis für alle medizinischen und therapeutischen Interventionen. Im Hinblick auf die funktionelle Dysphagietherapie gibt die Grunderkrankung den Orientierungsrahmen für die Grobauswahl der Methodik vor. So sind beispielsweise komplizierte Schlucktechniken für Patienten mit schwersten Hirnverletzungen und mangelnder Kooperationsfähigkeit nicht geeignet, hier dominieren Stimuli und Bewegungsübungen. Bei Myasthenia gravisbewirkt dagegen das Training der Schluckmuskulatur im Sinne repetitiver Bewegungsübungen eine zunehmende Muskelschwäche, deshalb liegt der Schwerpunkt auf kompensatorischen (z.b. Schlucktechniken) und adaptiven (z.b. Anpassung der Nahrungskonsistenz) Behandlungsstrategien. Der Gesundheitszustand bildet somit den Ausgangspunkt für die *Therapierahmenplanung*.

Die Ebene der ***Körperfunktionen und Strukturen*** (body functions and structures) bezieht sich auf die physiologischen und psychologischen Funktionen, sowie die anatomisch strukturellen Veränderungen.Eine verspätete Schluckreflexauslösung wäre ein Beispiel für eine Funktionsstörung im Sinne einer physiologischen Veränderung. Die psychischen Folgen einer Grunderkrankung können mannigfaltig sein und interindividuell stark variieren. Bei Läsionen der peripheren Schluckorgane, z.B. nach chirurgischen Eingriffen tritt die strukturell anatomische Komponente besonders in den Vordergrund. Bei einer neurogenen Dysphagie nach Schädigung des Zentralnervensystems sind dagegen die peripheren Schluckorgane erhalten, die Zuordnung der strukturellen Aspekte bezieht sich hier auf die nähere Charakterisierung des Hirnschadens, z.B. Strukturen der „Brücke" beim Hirnstamminfarkt. Insgesamt bildet die sorgfältige Untersuchung der Körperfunktionen und Strukturen die Basis für die diagnostikorientierte Behandlung und damit die *Spezifizierung der Therapieschritte*.

Die Ebene der ***Aktivitäten*** (activities) umfasst die unmittelbaren Auswirkungen des gestörten Schluckvorganges auf die Alltagsfunktionen. Früher wurde dafür der Ausdruck Fähigkeitsstörung (disability) verwendet. Dies beinhaltet u.a. ein langsames Esstempo, diätetische Einschränkungen und bei schweren Beeinträchtigungen der oralen Nahrungsaufnahme die Abhängigkeit von einer Ernährungssonde. Muss bei massiver Speichelaspiration eine geblockte Trachealkanüle angepasst werden, führt dies zu Beeinträchtigungen der Kommunikation. Bleibt die Schluckstörung unbehandelt, kann durch Mangelernährung oder pulmonale Komplikationen durch Aspiration sogar eine vitale Bedrohung entstehen. Aus der Ebene der Beeinträchtigung der Aktivitäten werden die *kurz- und mittelfristigenTherapieziele* formuliert. Diese beinhalten beispielsweise aspirationsfreies und effizientes Schlucken, die partielle oder vollständige Oralisierung bei sondenabhängigen Patienten oder die Dekanülierung bei Trachealkanülenträgern.

Schluckstörungen können zu unterschiedlichen ***Beeinträchtigungen der Beteiligung*** (participation) am familiären und öffentlichen Leben führen. Früher wurde dafür der Ausdruck soziale Beeinträchtigung (handicap) verwendet. Die Patienten vermeiden die sozialen Kontakte während der Mahlzeiten, mitunter sogar im engsten familiären Umfeld. Sonden- und Kanülenträger können häufig nicht mehr ihrer beruflichen Tätigkeit nachgehen oder müssen zumindest erhebliche berufliche Nachteile in Kauf nehmen. Die Analyse der Beeinträchtigungen der Beteiligung bildet die Grundlage für die therapeutische Beratung der Betroffenen und ihrer Angehörigen und für die Formulierung der *Therapiefernziele*.

Die Ebenen der *Aktivitäten* und *Beteiligung* werden in der neuen Fassung für die Codierung der Folgen einer Erkrankung nicht mehr streng getrennt, da es vermutlich häufig zu Überschneidungen und damit zu Zuordnungsproblemen gekommen ist.

Des Weiteren können die drei genannten Ebenen durch die ***Umgebungsfaktoren*** (environmental factors) und die ***persönlichen Faktoren*** (personal factors) beeinflusst werden. So kann sich beispielsweise eine Schluckstörung für jemanden der Sondenkost benötigt und auf dem Land lebt negativer auswirken, als für den Stadtbewohner, der die spezielle Nahrung aus der nahe gelegenen Apothekebezieht. Neben diversen Umgebungsfaktoren spielen selbstverständlich auch Persönlichkeitsmerkmale und personenbezogene Faktoren, wie Gewohnheiten usw. eine wichtige Rolle. Nimmt für das Wohlbefinden eines Betroffenen Essen und

Trinken einen hohen Stellenwert ein, ist die Lebensqualität gravierender beeinträchtigt als bei einem Schluckgestörten, der die „Gaumenfreuden" weniger schätzt. Die Veränderung von Kontextfaktoren bestimmt, falls diese beeinflussbar sind, ebenfalls die Formulierung der *Therapiefernziele*.

1.2 Physiologie des normalen Schluckvorganges

Schon 1836 wurde der Schluckvorgang als dreiphasige Sequenz bezeichnet, als orale, pharyngeale und ösophageale Phase (Magendie 1836). Diese Einteilung ist bis heute gebräuchlich. Die orale Phase wird zusätzlich in die orale Vorbereitungs- oder Kauphase und die orale Transportphase unterteilt (Hannig 1995, Logemann 1998, Bartolome 1995, Neumann 1999, Bartolome 2001). Manche Autoren fügen die sog. präorale Phase hinzu, die sich auf die Wahrnehmung und die damit verbundene „Schluckstimulation" vor der Nahrungsaufnahme bezieht (Leopold & Kagel 1997, Nusser-Müller-Busch 2001). Sehen, Riechen undErkennen leckerer Speisen mag zwar die Schluckbereitschaft erhöhen, gehört jedochnicht unmittelbar zur Schlucksequenz. Im Folgenden wird deshalb entsprechend der anatomischen Zuordnung die Drei-Phasenunterteilung beschrieben. Die einzelnen Schluckepisoden sind in Abbildung 1.2 bildlich dargestellt. Besonders berücksichtigt werden physiologische Grundlagen, die für die vorliegende Fragestellung bedeutend sind. Am Ende dieses Kapitels findet sich eine Zusammenfassung am Schluckprozess beteiligter neuromuskulärer Komponenten, an deren Bewegungszielen sich die schluckrelevanten Willkürbewegungen so weit wie möglich orientieren.

1.2.1 Orale Phase

Die orale Phase stellt die einzige willkürlich gesteuerte Schluckphase dar. Kauen und der orale Transport können jederzeit willkürlich initiiert oder unterbrochen werden. Allerdings verläuft orales Schlucken in der Regel automatisiert, das heißt die Bewegungsvorgänge dringen nicht in unser Bewusstsein.

Orale Vorbereitungsphase

Während des Kauens arbeiten die Lippen- und Wangenmuskulatur, die Kiefer-, Zungenbein- und Zungenmuskulatur hoch koordiniert zusammen. Die Kauphase lässt sich in drei Sequenzen untergliedern:

1. die Bolusplazierung
2. die Boluszerkleinerung
3. die Bolussammlung

Abbildung 1.2: Schluckepisoden (Bartolome 2000).

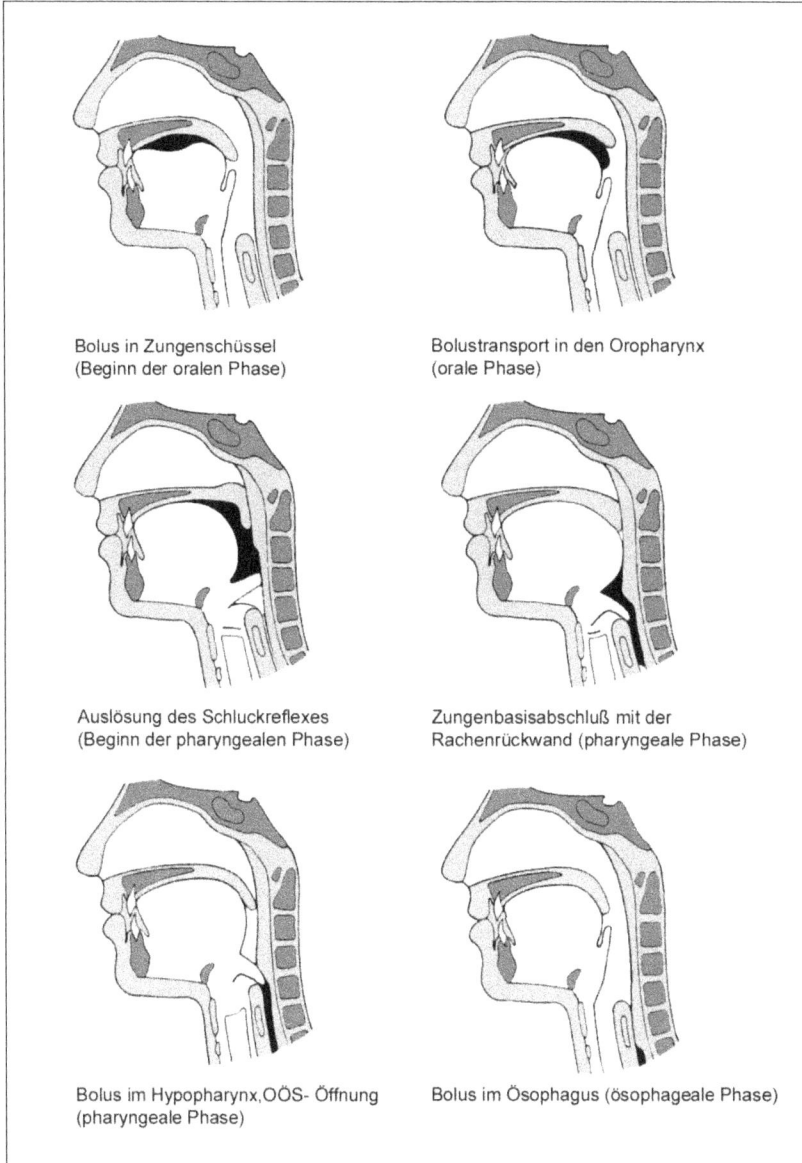

Bolus in Zungenschüssel
(Beginn der oralen Phase)

Bolustransport in den Oropharynx
(orale Phase)

Auslösung des Schluckreflexes
(Beginn der pharyngealen Phase)

Zungenbasisabschluß mit der
Rachenrückwand (pharyngeale Phase)

Bolus im Hypopharynx,OÖS- Öffnung
(pharyngeale Phase)

Bolus im Ösophagus (ösophageale Phase)

(1) Zu Beginn schiebt die Zunge die Speise nach hinten zwischen die Molaren. (2) Hier setzt der eigentliche Kauvorgang ein. Durch kreisende Öffnungs- und Schließbewegungen des Unterkiefers wird die Speise zerkleinert und dabei gleichzeitig mit Speichel vermischt. Die Lippen bleiben geschlossen, während die Wangenmuskulatur auf der jeweiligen Kauseite kontrahiert. Dies verhindert das Entgleiten von Speiseteilchen aus dem Mund oder in die Wangentaschen. Bei behinderter Nasenatmung kann natürlich der Lippenschluss während des Kauens nicht konstant beibehalten werden. Das Zungenbein zieht bei der Kieferöffnung nach vorne, in der letzten Öffnungsphase und während der Schließbewegung nach hinten. Der gesamte Kauzyklus wird mehrmals wiederholt. (3) Zum Schlusswird der „schluckfertige" Bolus auf die Vorderzungenmitte geladen. Etwa 20% der Normalpersonen sammeln die zerkaute Nahrung auf dem Mundboden und holen diesen erst zu Beginn der oralen Phase auf die Vorderzunge. Dodds et al. (1989) unterscheiden dementsprechend zwischen dem „Schneidezahntyp" (incisor-type) und dem „Schöpflöffeltyp" (dipper-type). Häufig kommt es während des Kauens zum sogenannten „Leaking", das heißt Bolusteile fallen vor der Schluckreflexauslösung in den Oropharynx (Palmer et al. 1992). Größere Bissen werden normalerweise dekantiert, es wird hier nur ein Teil zu den Molaren transportiert und zum Schlucken vorbereitet. Die restlichen Bolusanteile verbleiben im vorderen Mundraum (Logemann 1998). Nahrungskonsistenzen die nicht gekaut werden, also Flüssigkeiten oder semisolide Konsistenzen werden in der Regel in der Zungenschüssel gesammelt. Dabei liegen die Zungenränder am Gaumen an, der Zungenrücken ist gehoben und das Velum gesenkt. Somit wird ein vorzeitiges Abgleiten in den Pharynx verhindert. Während des Kauens sind allerdings Zungenrücken und Velum nicht einander angenähert, deshalb können Nahrungspartikel verfrüht in den Pharynx gleiten. Letzteres wird nicht als pathologisch bewertet.

Sensorische Reize spielen für die Initiierung und Steuerung der oralen Phase eine wichtige Rolle. Bewegungsauslenkung, Bissstärke und die Dauer des Kauzyklus sind durch sensible Rückmeldungen der jeweiligen Bolusgröße und Konsistenz angepasst. Ständige sensorische Impulse über Berührungs- und Druckrezeptoren verhindern Bissverletzungen während des Kauens. Schließlich erleben

wir vor allem in der oralen Vorbereitungsphase die so genannten „Gaumenfreuden", vermittelt durch die Geschmacks-, Temperatur- und Mechanozeptoren.
Die Dauer der oralen Vorbereitungsphase variiert je nach Bolusgröße und Konsistenz, sowie in Abhängigkeit von individuellen Essgewohnheiten.

Orale Transportphase

Sobald die Nahrung fertig zerkaut auf der Vorderzungenmitte liegt, beginnt die
orale Transportphase. Die Hauptbewegungskomponenten der oralen Phase werden durch die Zunge ausgeführt. An der Vorderzunge beginnend setzt entlang
der Mittellinie eine Wellenbewegung ein. Durch diese rhythmische Kontraktion
der intrinsischen Zungenmuskulatur wird der Bolus sequenziell gegen das Gaumendach gedrückt und nach hinten Richtung Rachen geschoben. Die Zungenspitze und die Zungenränder liegen dabei eng an den Alveolen an. Die Zungen-
mitte bildet eine Furche, in der der Bolus nach hinten gleitet (Kahrilas et al.
1993). Darüber hinaus zieht der gesamte Zungenkörper durch Kontraktion der
extrinsischen Zungenmuskulatur synchron mit dem Hyoidellipsenförmig von
vorne nach hinten. Das Hyoid bewegt sich zuerst nach vorne, für die Annäherung der Zunge an den Gaumen nach oben und zum Rücktransport nach hinten
(Miller 1999). Während der oralen Phase bleiben Lippen und Kiefer geschlossen, die Wangen sind bilateral tonisiert. Dadurch entsteht eine Sogwirkung, die
den Bolustransport unterstützt (Shedd, Kirchner & Scatliff 1961). Die Transportphase dauert durchschnittlich 1 bis 1,5 Sekunden.

Sensorische Rückmeldungen ermöglichen die Feinabstimmung der Zungenbewegungen und deren Kraftdosierung. Der Zungendruck gegen den Gaumen variiert je nach Boluskonsistenz. Feste Speisen erfordern einen deutlich höheren
Kraftaufwand als beispielsweise Flüssigkeiten (Reimers-Niels, Logemann &
Larson 1994). Die Zungenfurchenbildung wird der jeweiligen Bolusgröße angepasst. Dabei kommt es vor allem zu einem tieferen Sulcus und kaum zu einer
Verbreiterung (Kahrilas et al. 1993).

1.2.2 Pharyngeale Phase

Mit der *Schluckreflexauslösung* beginnt die pharyngeale Phase. Damit wird die reflektorische Kette, die nicht mehr der willentlichen Steuerung unterliegt, in Gang gesetzt. Die pharyngeale Phase lässt sich zwar durch die einleitende orale Phase initiieren, jedoch nicht beliebig oft auslösen. Es ist zum Beispiel nicht möglich einen Speichelschluck mehrmals schnell hintereinander zu wiederholen. Trotz intakter oraler Initiierung lässt sich nach 2-3 Wiederholungen zunächst kein pharyngealer Schluck mehr auslösen (Bartolome 1999b). Über den Sitz der Reflexauslösezonen gibt es in der Literatur differierende Angaben. Gesichert ist, dass sich mit zunehmendem Alter die Triggerzonen nach hinten verlagern. Während bei jüngeren Personen die Höhe der vorderen Gaumenbögen als Haupttriggerareal gilt, wird bei älteren Personen (>60 Jahre) der Schluckreflex erst während des Boluskontaktes mit der Zungenbasis (Zungenabschnitt zwischen weichem Gaumen und Valleculae) ausgelöst (Robbins 1996). Weitere Triggerareale sind im Bereich der Valleculae, der Rachenhinterwand, der Epiglottis und des pharyngoösophagealen Übergangs lokalisiert. Hier konnten durch Bespritzen mit Flüssigkeiten Schluckreflexe ausgelöst werden (Hannig 1995).

Welche Summation an sensorischen Reizen erforderlich ist, um die reflektorische Bewegungskette in Gang zu setzen, ist bislang nicht hinreichend geklärt. Da der Schluckreflex schon nach 2-3 schnell aufeinander folgenden Schlucken nicht mehr unmittelbar wiederholt werden kann, spielt für die Triggerung vermutlich das Vorhandensein eines Bolus eine entscheidende Rolle. Darüber hinaus sind intakte Wahrnehmungsleistungen für diejenigen sensorischen Qualitäten nötig, die den Bolus als Schlucksubstanz identifizieren. Interessanterweise hat eine isolierte lokale Betäubung einzelner Triggerareale die Schluckreflexauslösung nicht wesentlich beeinträchtigt (Hannig 1995). Die Reizaufnahme erfolgt wahrscheinlich über größere Schleimhautareale. Neben den Geschmacks-, Chemo-, Thermo- und Mechanozeptoren der Haut scheinen auch die Propriozeptoren, also die Rezeptoren für die Tiefensensibilität in Muskeln, Sehnen und Gelenken eine Rolle zu spielen (Kennedy & Kent 1988).

Mit der Schluckreflexauslösung setzt die fein aufeinander abgestimmte *Bewegungskette der pharyngealen Phase* ein. Diese umfasst unterschiedliche Muskelsysteme. Dazu gehören die velopharyngealen Strukturen, die Zungenbasis, der Larynx, sowie die Pharynxkonstriktoren und der obere Ösophagussphinkter (pharyngo- ösophageales Übergangssegment).

Der velopharyngeale Verschluss entsteht durch Hebung und Retraktion des weichen Gaumens, bei gleichzeitiger Vorwölbung der lateralen und hinteren Rachenwände durch Kontraktion des M. constrictor pharyngis superior. Dadurch wird der Nasenraum abgedichtet, so dass während des Schluckens keine Nahrung eindringen kann (nasale Penetration). Gleichzeitig unterstützt der velopharyngeale Verschluss den Druckaufbau im Rachenraum. Zum selben Zeitpunkt kommt es zur Kehlkopfhebung, die nach neuesten Untersuchungen aus zwei Phasen besteht (Kendall, Leonard & McKenzie 2003). Zunächst nähern sich die Aryknorpel der Epiglottis an, erst dann werden durch Kontraktion der suprahyoidalen Muskeln das Zungenbein und der Kehlkopf nach vorne oben gezogen. Die Larynxexkursion beträgt bei Personen unter 60 Jahren durchschnittlich 2cm, bei älteren Personen 1,5cm (Jacob et al. 1989). Durch die Kehlkopfanteriorbewegung wird der Rachenraum erweitert und somit eine ungehinderte Boluspassage ermöglicht. Während des pharyngealen Schluckens kommt es zum Kehlkopfverschluss auf drei Ebenen, der sich in nachstehender Reihenfolge ereignet:

1. Stimmlippenschluss
2. Verengung des supraglottischen Raumes
3. Epiglottisschluss

(1) Die Atmung stoppt bereits unmittelbar vor der Kehlkopfhebung und bewirkt den vollständigen Stimmritzenverschluss, so dass der subglottische Raum bereits mit dem Einsetzen der pharyngealen Phase geschützt ist. Selbst bei Gesunden fallen gelegentlich Bolusanteile in den Kehlkopfeingang (laryngeale Penetration), die jedoch durch die nachfolgende Verengung des supraglottischen Raumes wieder herausgedrückt werden. (2) Die Verengung des Aditus laryngis geschieht durch den Taschenfaltenschluss und durch eine Verdickung der muskulären Strukturen an der unteren Epiglottis. Ersteres bewirkt die Kontrakti-

on des M. ventricularis (Taschenfaltenmuskel), letzteres dieKehlkopfhebung. (3) Am Epiglottisschluss ist ebenfalls der Taschenfaltenmuskel beteiligt, der durch Zug des Aryknorpels nach vorn an der Senkung des Kehldeckels mitwirkt. Darüberhinaus unterstützen der Bolusdruck von oben, die Zungenbasisretraktion und die Kehlkopfhebung die Epiglottiskippung. Beim Einzelschluck dauert der Kehlkopfverschluss ein bis zwei Drittelsekunden. Trinkt man schnell hintereinander, ohne das Trinkgefäß abzusetzen, wird der Kehlkopfverschluss bis zu fünf oder noch mehr Sekunden aufrechterhalten (Martin et al. 1994).

Die Bewegungen der Zunge und der Rachenmuskeln spielen für den pharyngealen Transport ebenfalls eine wichtige Rolle. Zu Beginn der Reflextriggerung senkt sich der hintere Zungenanteil rampenförmig, so kann der Bolus mühelos in den Rachen gleiten. Sobald das Bolusende den Zungengrund erreicht hat, kommt es zu einer kräftigen Retraktionsbewegung der Zungenbasis an die Rachenhinterwand, die ihrerseits kontrahiert. Nahezu zeitgleich heben sich Hyoid und Kehlkopf. Die Kontraktionswelle des Rachens, die am Bolusende einsetzt, pflanzt sich durch alle Pharynxkonstriktoren nach unten fort. In Höhe der Valleculae teilt sich der Bolus. Die größten Bolusanteile fließen an den lateralen Epiglottisflächen vorbei in die Recessus piriformes, eine geringere Bolusmenge überspült die Epiglottisspitze. Erstaunlicherweise schlucken 20% der Normalpersonen nur über eine Seite ab (Logemann et al. 1989). Für das Gelingen des pharyngealen Bolustransportes spielen Druckmechanismen eine entscheidende Rolle. Hierfür wurde der Ausdruck „hypopharyngealer Saugpumpenstoß" geprägt. McConnel, Cerenko und Mendelsohn (1989) konnten diese Mechanismen mithilfe simultaner videofluoroskopischer und manometrischer Aufzeichnungen nachweisen. Das Verständnis der pharyngealen Druckmechanismen spielt eine wichtige Rolle für die Planung spezifischer therapeutischer Strategien.

Die Komponenten des „hypopharyngealen Saugpumpenstoßes" lassen sich folgendermaßen erklären:

• Der Pumpenstoß setzt sich zusammen aus der Schubkraft der Zunge und der pharyngealen Konstriktorwelle. Dies wird in Höhe der Aryknorpel als positiver Druck gemessen.

- Die Sogwirkung entsteht als Folge der Raumerweiterung durch die Kehlkopfhebung. Da der Hypopharynx durch den Zungen-Rachenkontakt und den
  noch verschlossenen oberen Speiseröhrensphinkter eine geschlossene Kam-
  mer bildet, kommt es mit der Raumerweiterung zu einem Unterdruck. Über
  dem Speiseröhreneingang wird ein negativer Druck gemessen.

Bevor der Boluskopf den Speiseröhreneingang erreicht hat, öffnet sich dieser.
Der obere Ösophaguseingang umfasst im Wesentlichen die Muskelschlinge des
M. cricopharyngeus. Dieser zieht von den beiden Cornu inferiores des Schild-
knorpels, sowie von der Seitenfläche des Ringknorpels zur Rachenhinterwand.
Wegen der anatomisch unterschiedlichen Ausprägungen des oberen Ösophagussphinkters wird die Sphinkteröffnung jedoch nicht mehr ausschließlich auf
den M. cricopharyngeus reduziert. Es werden caudale Anteile des unteren
Schlundschnürers (M. thyreopharyngeus) und craniale Abschnitte der zervikalen
Ringmuskelschicht des OÖS miteinbezogen. Die Bezeichnung „pharyngoö-
sophageales Übergangssegment" entspricht eher den anatomischen Begeben-
heiten. Dem besseren Verständnis zuliebe wird jedoch im weiteren Textverlauf der
gebräuchlichere Ausdruck „oberer Ösophagussphinkter" oder abgekürzt OÖS
beibehalten. Die zeitgerechte und derBolusgröße angepasste Öffnung des Speiseröhreneingangs spielt für den ungehinderten pharyngealen Bolustransport eine
wichtige Rolle.

Die Öffnung des OÖS beruht auf folgenden Mechanismen (Cook et al. 1989,
Jacob et al. 1989, Lang& Shaker, 1994):

- Etwa 0.1s vor der Kehlkopfhebung wird im Zuge des Reflexgeschehens
  der Tonus des OÖS reduziert.

- Da die Muskelschlinge einerseits am Kehlkopfgerüst inseriert und andererseits an der Rachenhinterwand fixiert ist, kommt es mit der Kehlkopfhebung zu einer passiven Aufdehnung dieses Muskels.

- Die Öffnungsweite wird über Druckrezeptoren durch den Bolusdruck bestimmt und somit spezifisch jedem einzelnen Schluck angepasst.

Sobald der Bolus den Sphinkter passiert hat, senkt sich der Kehlkopf, der Speiseröhreneingang verschließt sich wieder und die Stimmlippen abduzieren. Die pharyngeale Phase dauert maximal eine Sekunde.

Sensorische Rückmeldungen sorgen für den zeitgerechten und koordinierten Ablauf und passen die Bewegungsmechanismen der jeweiligen Bolusgröße und Konsistenz an. Der Zungenbasisdruck und die Pharynxkontraktionskraft erhöhen sich mit zunehmender Bolusviskosität. Auch die zeitliche Dauer des velopharyngealen Verschlusses, der OÖS-Öffnung und des laryngealen Verschlusses erhöhen sich leicht mit zunehmender Bolusdichte (Dantas & Dodds 1990). Am Ösophaguseingang befinden sich Druckrezeptoren, welche die Öffnungsweite des OÖS der jeweiligen Bolusgröße angepassen. Im Vergleich zu einem Speichelschluck verdoppeln sich beispielsweise bei einem 20ml großen Schluck Flüssigkeit sowohl die zeitliche Dauer der OÖS-Öffnung als auch deren Öffnungsweite (Logemann 1995).

1.2.3 Ösophageale Phase

Die ösophageale Phase beginnt mit dem Eintreffen des Bolus in der Speiseröhre und endet mit der Passage durch den unteren Speiseröhrensphinkter (UÖS), der unmittelbar vor dem Mageneingang liegt. Durch ringförmiges Zusammenziehen des Speiseröhrenschlauches wird der Bolus Richtung Magen transportiert. Dieser Vorgang wird *primäre Peristaltik* der Speiseröhre genannt. Im Normalfall erfolgt der Transport durch die primäre peristaltische Welle. Bleiben Nahrungsreste in der Speiseröhre liegen, oder kommt es zum Zurückfließen von Mageninhalt in den Speiseröhrentubus, setzt die *sekundäre Peristaltik* ein. Diese wird durch lokale Dehnungsreize ausgelöst (Wuttge-Hannig & Hannig 1991). Die Dauer der ösophagealen Phase kann zwischen 8 und 20 Sekunden variieren. Verschiedene Faktoren können die Transportgeschwindigkeit beeinflussen. Zu einer Verlangsamung kommt es beispielsweise bei zunehmender Viskosität oder bei psychischer Belastung. Die Steuerung der ösophagealen Phase erfolgt überwiegend über das vegetative Nervensystem

Eine zusammenfassende Übersicht über die einzelnen Schluckphasen und deren neuromuskulärer Komponenten ist in den Tabellen 1.2 und 1.3 dargestellt.

Tabelle 1.2: Funktion und neuromuskuläre Komponenten der oralen Schluckphasen.

Phase	Funktion	Neuromuskuläre Komponenten
Orale Vorbereitungs-phase (Kauphase)	➤ Zerkleinern und Vermischen mit Speichel ➤ Sammeln zu einem Bolus ➤ Schmecken	o Lippenöffnung, Schluss, Protraktion, Retraktion o Kieferöffnung, Schluss, Rotation o Zungenlateralisation, Rotation, Schüssel-bildung o Wangentonisierung unilateral o Velumdepression o (bei Konsistenzen die nicht zerkaut werden)
Orale Transportphase	➤ Bolustransport durch den Mund-raum in den O-ropharynx	o Lippenschluss o Kieferschluss o Zungenrollbewegung Richtung Oropha-rynx (Sequenzielle Elevation, Retrakti-on) o Wangentonisierung bilateral o Velumdepression

Tabelle 1.3: Funktion und neuromuskuläre Komponenten der pharyngealen und ösophagealen Schluckphase.

Phase	Funktion	Neuromuskuläre Komponenten
Pharyngeale Phase	➢ Bolustransport durch den Rachen in die Speiseröhre	o Schluckreflextriggerung o Velopharyngealer Verschluss o Linguopharyngealer Abschluss o Pharyngeale Kontraktion o Hyoid- u. Larynxelevation (superior/anterior) o Laryngealer Verschluss (3-fach) o Öffnung des OÖS
Ösphageale Phase	➢ Bolustransport durch die Speiseröhre in den Magen	o Primäre Peristaltik o Sekundäre Peristaltik o Öffnung des UÖS

1.3 Der gestörte Schluckvorgang

1.3.1 Pathophysiologische Symptome

Störungen können in einer Phase oder gleichzeitig in mehreren Phasen des Schluckvorganges auftreten. Als Folge der Pathomechanismen kristallisieren sich im Wesentlichen drei pathophysiologische Hauptsymptome heraus: (1) falscher Weg, (2) unvollständiger Transport und (3) Rücktransport (Bartolome 2001).

Abbildung 1.3: Pathophysiologische Hauptsymptome.

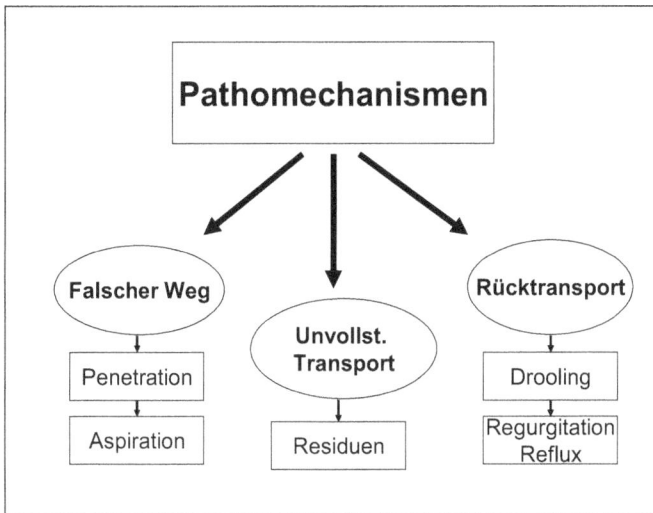

(1) Nimmt der Bolus den falschen Weg, kommt es entweder zur Penetration oder zur Aspiration. Das Eindringen von Bolusanteilen in die Nase, wird als *nasale Penetration* bezeichnet. Treten Boluspartikel in den Kehlkopfeingang, so nennt man dies *laryngeale Penetration*. Fließen Nahrung oder Speichel in die Luftwege unterhalb der Stimmlippen, spricht man von *Aspiration*.

(2) Bei unvollständigem Transport verbleiben nach dem Schlucken Reste, soge-
nannte *Residuen* in Mund- oder/und Rachenraum. Residuen finden sich bevorzugt auf der Zunge, am Mundboden, in den Valleculae und in den Sinus piriformes.

(3) Tritt Speichel oder Nahrung wieder aus dem Mund, wird häufig der anglo-
amerikanische Ausdruck *Drooling* verwendet. *Regurgitation* bedeutet das
Hochwürgen unverdauter Nahrung, ohne begleitende Übelkeit. Ein krankhaftes
Zurückfließen von saurem Mageninhalt in die Speiseröhre, gegebenenfalls bis in
den Rachen, wird als *Reflux* bezeichnet. Die beiden letztgenannten Pathologien
beziehen sich ausschließlich auf ösophageale Erkrankungen.

In der Schweregradeinteilung der oropharyngealen Dysphagie spielt vor allem
die *Aspiration* eine entscheidende Rolle. Die Mortalitätsrate bei Patienten mit
Aspirationspneumonie wird in der Literatur in Abhängigkeit von weiteren Ein-
flussfaktoren mit 6% bis 48% angegeben. Besonders gefährdet sind ältere Personen (Teasell et al. 1996, Jones 1993). 52% bis 60% der aspirierenden Patienten leiden unter der „stillen Aspiration" (Garon, Engle & Ormiston 1996, Smith,
Logemann & Colangelo 1999). Bei dieser Patientengruppe wird aufgrund von
Sensibilitätsstörungen bei Aspiration kein Hustenreflex ausgelöst. Die Betroffenen erscheinen in der klinischen Untersuchung unauffällig. Die diagnostische
Abklärung der Aspiration ist deshalb als Grundlage medizinischer und rehabili-
tativer Maßnahmen von entscheidender Bedeutung. Abhängig vom Zeitpunkt
der Aspiration unterscheidet man drei Formen:

➢ Prädeglutitive Aspiration   → ereignet sich vor der Schluckreflexauslösung
➢ Intradeglutitive Aspiration → geschieht während des Schluckreflexes
➢ Postdeglutitive Aspiration   → tritt nach dem Schluckreflex ein (Logemann
                                                                    1998)

Ursachen der *prädeglutitiven Aspiration* sind die gestörte orale Boluskontrolle
oder/und eine verspätete beziehungsweise fehlende Schluckreflexauslösung. Beeinträchtigungen der Zungenmotorik, eine fehlende Velumsenkung oder/und
sensorische Störungen können ein vorzeitiges Entgleiten des Bolus in den Rachenraum verursachen. Da die Schutzmechanismen der Reflexkette noch nicht

ausgelöst worden sind, dringt der Bolus ungehindert durch die geöffnete Glottis. Dieselbe Symptomatik kann sich auch bei fehlendem oder verspätetem Schluckreflex ereignen, obwohl die Schlucksubstanz zunächst regelrecht transportiert wird. Die *intradeglutitive Aspiration* ist meistens auf eine kombinierte Störung der Kehlkopfhebung und des laryngealen Verschlusses zurückzuführen. Da die Boluspassage durch die unzureichende Kehlkopfelevation behindert ist, fällt Material in den Aditus laryngis. Bei gleichzeitig inkomplettem Glottisschluss dringen Bolusteile in die Trachea ein. Die *postdeglutitive Aspiration* kann auf sehr unterschiedlichen Pathomechanismen beruhen. Verbleiben aufgrund einer eingeschränkten Zungenbasisretraktion Bolusreste in den Valleculae, können diese nach dem Schlucken in die nunmehr geöffneten Luftwege überlaufen. Residuen im Sinus piriformis sind entweder das Resultat einer schwachen/aufgehobenen Pharynxkontraktion, oder einer gestörten Kehlkopfhebung oder/und einer Öffnungsstörung des oberen Ösophagussphinkters. Nach dem Schlucken senkt sich der Kehlkopf wieder nach dorsal, so dass der hypopharyngeale Raum verkleinert wird. Das Material läuft nun zwischen den Aryhöckern in den Kehlkopfeingang und mit der nächsten Einatmung in die Trachea. Schließlich gibt es noch ösophageale Ursachen für eine eine postdeglutitive Aspiration, beispielsweisedas Zenkersche Divertikel, die tracheoösophageale Fistel, die Achalasie, die ösophageale Stenose und der gastroösophageale Reflux.

Häufig leiden die Patienten unter komplexen sensomotorischen Störungen, so dass verschiedenen Aspirationsformen gleichzeitig auftreten können (Bartolome 1995).

1.3.2 Klinische Symptomatik

Eine ausführliche Beschreibung der klinischen Symptomatik findet sich in Bartolome (1999). Die folgende Tabelle bietet eine zusammenfassende Darstellung der wichtigsten direkten klinischen Dysphagiehinweise. Diese werden in Zusammenhang mit der Schluckprobe erfasst. Eine weitere Grundlage für die Einschätzung der Schluckstörung bildet die Untersuchung am Schluckvorgang beteiligter Organe, die als wesentliches Element die Überprüfung der Willkürmotorik beinhaltet. Allerdings handelt es sich hier um indirekte Symptome, da nicht

der Schluckvorgang selbst beurteilt wird. Ob die oralmotorischen Willkürbewegungen ein valides Diagnosekriterium für die Bewertung der Dysphagie darstellen, gehört zur Fragestellung der vorliegenden Arbeit. In der nachstehenden Tabelle sind ausschließlich mögliche direkte Symptome aufgelistet.

Tabelle 1.4: Direkte klinische Dysphagiehinweise (Bartolome 2001).

Orale, pharyngeale Phasen	• Herausfließen von Speichel, Nahrung aus dem Mund • Gestörtes Kauen • Verlängerte orale Phase • Liegenbleiben im Mund • Steckenbleiben im Hals • Eingeschränkte/fehlende Kehlkopfhebung • Husten, Räuspern (prä-, intra-, postdeglutitiv) • Rachenreinigen • Gurgelnde, belegte Stimme

Ösophageale Phase	• Druckgefühl, Brennen, Schmerzen hinter dem Brustbein • Saures/ nicht saures Aufstoßen • Schmerzen in der Herzgegend

Wird eine Schluckstörung übersehen, können daraus schwerwiegende medizinische Komplikationen resultieren. Ursache hierfür sind zum einen Beeinträchtigungen des Ernährungszustandes und zum anderen der gestörte Schutz der A-
temwege. Im ungünstigsten Fall kann sogar eine vitale Bedrohung entstehen.

Tabelle 1.5: Medizinische Komplikationen (Bartolome 2001).

Beeinträchtigung des Ernährungszu-standes	• Mangelernährung • Exsikkose
Komplikationen durch gestörten Schutz der Atemwege	• Bronchitis, Aspirationspneumonie • Dyspnoe, Asphyxie

1.4 Grundlagen der Sensomotorik

Jedes Verhalten besteht aus Bewegungen. Dabei ist ein und derselbe Muskelapparat zu völlig unterschiedlichen Bewegungsfunktionen fähig. Mithilfe des orofacialen und laryngopharyngealen Systems können wir beispielsweise schlucken, sprechen, atmen, mimische Ausdrucksbewegungen oder nichtsprachliche, parasprachliche und sprechmotorische Willkürbewegungen ausführen. Da für die korrekte Durchführung der Bewegungen sensorische Rückmeldungen unabdingbar sind, wird meist der Begriff *Sensomotorik* verwendet. An der Organisation und Kontrolle der einzelnen Bewegungsfunktionen sind verschiedene Ebenen des Nervensystems beteiligt. Betrachtet man die Fragestellung der vorliegenden Arbeit, kristallisieren sich auf den ersten Blick bereits zwei Grobunterscheidungen heraus. Sprechen und die nichtsprachlichen/parasprachlichen Willkürbewegungen zählen zu den höheren motorischen Leistungen und unterliegen der Willkürkontrolle. Der Schluckvorgang ist dagegen mit Ausnahme der oralen Phase dem Willen nicht unterworfen und wird in der pharyngealen und ösophagealen Phase ausschließlich reflektorisch gesteuert. Zum besseren Verständnis wird zunächst die Elementargliederung des sensomotorischen Systems dargestellt und zum Schluss Theorien der oralmotorischen Kontrollprozesse aufgezeigt, die unmittelbar die vorliegende Fragestellung betreffen.

1.4.1 Hauptstrukturen des Nervensystems

Das Zentralnervensystem (ZNS)

Gehirn und Rückenmark bilden zusammen das *Zentralnervensystem.* Morphologisch lässt sich das Gehirn grob in die *supratentorielle* und die *infratentorielle Ebene* untergliedern. Der supratentorielle Bereich liegt über dem Tentorium cerebelli, ein Durablatt, das sich zeltartig über das Kleinhirn spannt. Die infratentorielle Ebene befindet sich darunter, sie entspricht der Region der hinteren Schädelgrube. Supratentoriell liegen die beiden Großhirnhemisphären, deren Rindengebiet in Frontal-, Temporal-, Parietal- und Occipitallappen unterteilt wird. Die Großhirnrinde (Kortex cerebri) bildet mit ihrer drei Millimeter starken Zellschicht die äußere Hülle des Gehirns. Diese setzt sich von oben nach unten aus mehreren Schichten von Zellkörpergruppen und Fasern zusammen. Man fand heraus, dass solche Zellsäulen die grundlegenden funktionellen Einheiten der Großhirnrinde darstellen. Darauf wird in späteren Abschnitten nochmals eingegangen. Im Innern des Großhirns befinden sich weitere Gruppen von Kerngebieten: die Basalganglien, der Thalamus, der Hypothalamus und das limbische System.Als Hauptstrukturen der infratentoriellen Ebene sind das Kleinhirn und der Hirnstamm zu nennen. Der Hirnstamm gliedert sich in die drei Abschnitte Mittelhirn, Pons (Brücke) und Medulla oblongata (verlängertes Rückenmark). Letztere bildet die Fortsetzung des Rückenmarks, das im Kanal der Wirbelsäule liegt.Im Innern des Kleinhirns, des Hirnstamms und des Rückenmarks befinden sich ebenfalls Kerngebiete. Zwischen den verschiedenen Kerngruppen gibt es vielseitige Verbindungsbahnen. Assoziationsbahnen verbinden verschiedene Zentren der gleichen Hemisphäre, Kommissurenbahnen projizieren zu gleichen Zentren der anderen Hemisphäre und Projektionsbahnen verbinden entweder aufsteigend (afferent) oder absteigend (efferent) mit vor oder nach geschalteten Zentren, beziehungsweise mit der Peripherie.

Das periphere Nervensystem (PNS)

Das *periphere Nervensystem* schließt jene Nerven in Körper und Kopf ein, die afferente Informationen zum ZNS und efferente Informationen vom ZNS an die ausführenden Organe leiten. Die Ursprungsgebiete der 31 Spinalnervenpaare[1] liegen in den Rückenmarkssegmenten. Die Hirnnerven III mit XII haben ihre Kerngebiete im Hirnstamm. Der Riechnerv (I) und der Sehnerv (II) entstammen der supratentoriellen Ebene.Die Spinalnerven treten zwischen den Wirbelkörpern nach außen, die Hirnnerven verlassen den Schädelraum durch Löcher in der Schädelbasis, um zu den Muskeln und Hautbezirken zu ziehen. Während die Extremitätenmuskulatur von den Spinalnerven versorgt wird, sind für den orofacialen und laryngopharyngealen Bereich die Hirnnerven zuständig. Jeder Spinalnerv enthält sensorische und motorische Fasern. Dies trifft auch auf die meisten Hirnnerven zu, allerdings mit Ausnahme des Nervus accessorius (XI) und

---

[1] Spinalnerven: 8 Zervikal-, 12 Thorakal-, 5 Lumbal-, 5 Sakralnerven und 1 Kokzygealnerv

des Nervus hypoglossus (XII), die beide rein motorisch innervieren. Im Prinzip unterscheiden sich die Hirnnerven nicht von den Rückenmarksnerven, außer dass sie vom Gehirn und nicht vom Rückenmark ausgehen. Dies ist wichtig zum Verständnis der Pathophysiologie motorischer Störungen. So kann beispielsweise eine Hirnstammläsion mit Schädigung des N. hypoglossus eine periphere Lähmung der Zungenmuskulatur verursachen, obwohl der Läsionsort noch innerhalb der Schädelhöhle liegt.

Die periphere Ebene der Hirnnerven beginnt bereits innerhalb der Schädelhöhle, während der periphere Anteil für die Innervation der Extremitätenmotorik außerhalb des Schädels liegt.

Grundeinheit des Nervensystems

Die Grundeinheit des Nervensystems bildet die Nervenzelle oder das Neuron. Im Unterschied zu anderen Zellen des Körpers haben sich die Nervenzellen als Überträger von Informationen spezialisiert. Die Mehrzahl der Neuronen lässt sich anhand ihrer Zielorte klassifizieren. Neuronen die Muskelbewegungen kontrollieren, bezeichnet man als *Motoneuronen*, Nervenzellen die für unser Wahrnehmungssystem zuständig sind, als *sensorische Neuronen*. Darüber hinaus gibt es noch eine Vielzahl von *Interneuronen*, die ihre Ursprungsregion nicht verlassen und nahegelegene Nervenzellen beeinflussen. Die Neuronenstrukturen weisen eine Vielfalt der Größen und Formen auf. Jedes Neuron besitzt einen Zellkörper, meist zahlreiche Dendriten und ein Axon. Die Dendriten dienen der Reizaufnahme und das Axon leitet die Erregung weiter. Das Axon und dessen Umhüllung werden als Nervenfaser bezeichnet.

Der Ausdruck „*Nerv*" ist in der Regel für die Faserbündel des peripheren Nervensystems reserviert (z.B. Hirn- und Spinalnerven), während die Nervenfaserbündel des Zentralnervensystems als „*Bahnen*" bezeichnet werden (z.B. Pyramidenbahn, extrapyramidale Bahnen) (Rohen 2001).

Im Wesentlichen unterscheiden sich beide nur durch ihre Projektionsorte. Die Nerven ziehen zu den Endorganen, also zu den Muskeln, Sehnen, der Haut oder zu Drüsen, während die Bahnen zu anderen Neuronen innerhalb des ZNS projizieren.

1.4.2 Sensorische und motorische Systeme

Sensorische Systeme

Bewegungen werden mithilfe der sensorischen Afferenzen initiiert und kontrolliert. Die Reizaufnahme geschieht über spezielle Sensoren, die sich in der Haut oder im Körperinneren befinden. Die verschiedenen Rezeptorgruppen unterscheiden sich im morphologischen Aufbau und hinsichtlich ihrer Aufgabe. In der Regel ist eine Gruppe nur für *eine bestimmte Reizqualität* ansprechbar. Die Rezeptoren der Haut, die sog. *Exterozeptoren*reagieren auf mechanische Reize der Körperoberfläche. So gibt es spezielle Druck- und Berührungsrezeptoren, des Weiteren Sensoren die thermische Einwirkungen und andere die Schmerzreize aufnehmen. In der Schleimhaut der Nase befinden sich Geruchsrezeptoren, in der Schleimhaut der Zunge, der Mundhöhle und des Rachens sind die Geschmacksrezeptoren eingebettet. Die Sensoren für den Hör- und Gesichtssinn werden als *Telerezeptoren* bezeichnet, sie registrieren Reize aus der entfernten Umgebung. Eine weitere Gruppe von Rezeptoren, die *Propriozeptoren* befinden sich in tieferen Schichten unseres Körpers, in den Muskeln, Sehnen, Faszien und Gelenken. Sie informieren über die Muskelspannung, den Kraftaufwand und die Stellung der Gelenke. Schließlich sind noch Sensoren zu erwähnen, die Vorgänge im Körperinneren registrieren, die *Entero-* oder *Viszerozeptoren*. Es ist bislang nicht geklärt wie viele Rezeptortypen es insgesamt gibt, unser Wissen über deren Zuordnung zu den einzelnen Sinnesmodalitäten und Submodalitäten ist ebenfalls noch lückenhaft.

Welche Sinnesmodalitäten vorrangig benützt werden hängt im Wesentlichen von den Zielen der spezifischen Bewegungsfunktion und von der Intaktheit der zur Verfügung stehenden Sinnessysteme ab. Da beim Sprechen die Verständlichkeit im Mittelpunkt steht, spielt die Rückmeldung über das Gehör eine übergeordnete Rolle. Beim Schlucken hingegen muss Speichel oder Nahrung sicher vom Mundraum bis zum Magen transportiert werden. Hier stehen der Geruchs- und Geschmackssinn als „Wächter" und als „Genussvermittler" an der Schwelle des Verdauungsweges. Im Schluckverlauf dominieren dann somatosensorische Afferenzen, vor allem Berührungs- und Druckreize. Bei nichtsprachlichen Bewegungsübungen geht es in der Regel um die korrekte Positionierung der Organe (z.b. mit der Zungenspitze die Oberlippe berühren), deshalb steht die taktile Wahrnehmung im Vordergrund. Parasprachliche Bewegungen (z.b. isolierte Vokalphonation) werden wiederum auditiv kontrolliert. Die funktionsgebundene Präferenz im Gebrauch der verschiedenen Wahrnehmungssysteme verdeutlicht die Komplexität der vorliegenden Fragestellung.

Die Sinnesrezeptoren sind also die Aufnahmeorgane der Wahrnehmung. Die Weiterleitung der Informationen erfolgt über die entsprechenden afferenten Nervenfasern zu den nach geordneten Zentren des ZNS. Die Impulse werden zunächst zu den sensorischen Kernen im Rückenmark oder/und Hirnstamm übertragen.Eine weitere Verschaltung kann zum Thalamus und über thalamokortikale Verbindungen zu den verschiedenen sensorischen Rindenfeldern des Großhirns erfolgen. Die zentralen Projektionsbahnen ziehen überwiegend auf die kontralaterale Seite. Nehmen wir einen Reiz wahr, wird z.B. die Berührung gespürt, ist dies ein sicherer Hinweis dafür, dass der Stimulus über zentrale Bahnen an die Großhirnrinde weitergeleitet wurde.

Wie bereits erwähnt, hat die *Somatosensorik* für den Schluckprozess eine übergeordnete Bedeutung. Deren wichtigste zentrale Projektionsbahn wird als *primäre somatosensorische Bahn* oder Hinterstrang- beziehungsweise Lemniscussystem bezeichnet. Sie überträgt Informationen über Berührung, Druck, Vibration und Gelenkstellungen. Temperatur- und Schmerzempfindungen werden dagegen über die *schnelle Schmerzbahn* geleitet. Es gibt in der Hirnrinde mehrere somatosensorische Felder. Die sensorische Repräsentation zeigt sich am eindrucksvollsten im so genannten primär somatosensorischen Rindenareal, das sich unmittelbar hinter der Zentralfurche befindet (Area 3,1,2). Die Organe sind nacheinander auf der Rindenoberfläche repräsentiert, so dass sich ein „Homunculus", ein kleiner Mensch abbildet, wie er von Woolsey et al. und Adrian entdeckt wurde (zitiert nach Thompson 1996, S.195f). Die somatotope Gliederung verhält sich nicht proportional zur Größe der Organe, sondern entspricht deren Einsatzhäufigkeit und Empfindlichkeit. Wie aus der Abbildung 1.4 zur Homunculustopographie (sensorischer Homunculus, rechts oben) hervorgeht, sind die

Organe des Schluck- und Sprechsystems überproportional repräsentiert. Sie besitzen also eine hohe Dichte an sensorischen Rezeptoren.

Neben dieser oberflächlichen Repräsentation gibt es in der vertikalen Ebene innerhalb jeder Region dieser Körperoberflächenkarte säulenartige Anordnungen der Zellen. Diese bilden, wie bereits erwähnt, die grundlegenden funktionellen Einheiten der Großhirnrinde. Im Falle der Somatosensorik reagiert eine Säule beispielsweise auf leichte Berührung, eine andere auf Druck usw. Die Theorie der säulenartigen Organisation geht im Wesentlichen auf die Tierexperimente von Mountcastle (1997) zurück.

Die sensorischen Systeme verhalten sich vom peripheren Aufnahmeorgan bis zu den kortikalen Strukturen modalitätenspezifisch.

Motorische Systeme

Die einlaufenden Erregungen aktivieren und regulieren durch ihre Verschaltung mit verschiedenen Zentren der motorischen Organisation die efferenten Erregungsabläufe die dann auf das Erfolgsorgan, den Muskelapparatprojizieren.

Ein einzelner Muskel besitzt lediglich zwei Eigenschaften, er kann kontrahieren und relaxieren. Damit ein spezifisches Bewegungsmuster entsteht, müssen die beteiligten Muskeln in der richtigen Reihenfolge und zeitlich genau aufeinander abgestimmt anspannen und erschlaffen. Dies erfordert eine spezielle zentralnervöse Organisation.

Die motorischen Kontrollsysteme sind auf unterschiedlichen Ebenen des ZNS repräsentiert.

Auf kortikalem Niveau spielen der so genannten *primär motorische Kortex*, der unmittelbar vor der Zentralfurche liegt (Area 4) und die so genannten *sekundär motorischen Rindenareale*, bestehend aus prämotorischem (lateraler Anteil der Area 6, hintere Area 8) und supplementärmotorischem Feld (medialer Anteil der Area 6) eine wichtige Rolle.

- Der primärmotorische Kortex funktioniert vermutlich als übergeordnete Schaltstelle für die Auslösung von Willkürbewegungen und die genaue Ausführung von willkürlichen Feinbewegungen.

- Die sekundär motorischen Rindenareale sind an der Bewegungsplanung, Vorbereitung und Initiierung beteiligt (Mauritz & Wise, 1986; Wiesendanger et al., 1987).

Im Motorkortex befinden sich ebenso wie in den somatosensorischen Arealen Repräsentationsstrukturen auf der Rindenoberfläche und in der vertikalen Ebene. Die Homunculustopographie der motorischen Rindengebiete basiert im Wesentlichen aufStimulationsexperimenten von Penfield und Rasmussen (1950). Das Repräsentationsmuster im primär motorischen Kortex entspricht in vielerlei Hinsicht der Oberflächengliederung in der primären somatosensorischen Rinde. Auch hier ist die den Muskeln des Schluck- und Sprechsystemszugeordnete Kortexfläche überproportional repräsentiert (Abbildung1.4). Das heißt die Muskeln des oropharyngealen Systems besitzen eine hohe Dichte an Motoneuronen. In der vertikalen Ebene finden sich gleichfalls säulenartige Anordnungen der motorischen Zellen.Diese Zellensäulen scheinen funktionelle Einheiten aus Muskelgruppen zu repräsentieren.

Einzelne Muskeln sind in der motorischen Großhirnrinde mehrfach in unterschiedlichen Funktionskombinationen repräsentiert.

Abbildung 1.4: Primäre sensomotorische Rindenfelder (motorischer Homunculus links, entsprechend Area 4, senorischer Homunculus rechts, entsprechend Area 3,1,2) und sekundäre sensomotorische Rindenareale (Area 5-7). Der Bereich des untersten Abschnitts der sensomotorischen Rinde, das so genannte Frontoparietale Operculum (FP) wird wegen seiner Bedeutung für den Schluckvorgang speziell hervorgehoben (siehe Kapitel 1.5).

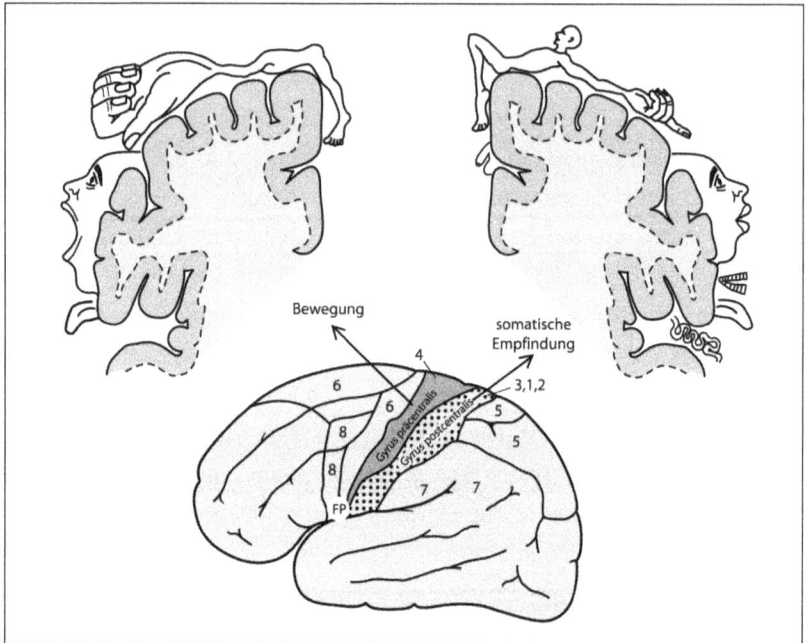

Die wichtigsten subkortikalen motorischen Kontrollsysteme bilden die Basalganglien und der Thalamus. Die *Basalganglien* liegen in den kaudalen Abschnitten beider Großhirnhälften und umfassen verschiedene Kerngebiete, deren Aufgaben nicht ganz geklärt sind. Die meisten Erkenntnisse wurden aus der Erforschung der Parkinson Erkrankung gewonnen. Die Basalganglien haben sicher etwas mit Bewegungskontrolle zu tun. Es bestehen funktionell aufeinander abgestimmte Verbindungen zur Großhirnrinde und zum Thalamus. Zusätzlich haben Projektionen aus dem Hirnstamm auf die Informationsverarbeitung Einfluss (Paulig 2001):

- Durch Parallelschaltung und Rückkoppelungsschleifen zu den kortikalen Arealen spielen sie vermutlich eine Rolle bei der Planung und Ausführung von selbst induzierten Bewegungen. In einer Art Filterfunktion können Bewegungen initiiert oder unterdrückt werden.

- Sie sind an motorischen Lernvorgängen für einfache und komplexe Bewegungen beteiligt. Vermutlich werden unbewusste, lang trainierte Bewegungsabläufe von den Basalganglien kontrolliert. Sie sind daher wichtig für die Automatisierung von erlernten Bewegungen.

- Durch die Verbindungen zum limbischen System und zum präfrontalen Kortex sind sie an kognitiven oder affektiven Vorgängen beteiligt, z.B. mimische Ausdrucksbewegungen.

Der eiförmige *Thalamus* liegt an der Basis der beiden Hemisphären. Die zahlreichen thalamischen Kerne bilden wichtige Schaltstellen für alle afferenten Bahnen (ausgenommen die meisten olfaktorischen Reize) und stehen mit nahezu allen Teilen des ZNS in Verbindung. Da Thalamusregionen in die Basalganglienschleife und zerebelläre Verbindungen eingeschaltet sind, kommt es bei bestimmten Thalamusläsionen gleichfalls zu Tremor, Ataxien und anderen Bewegungsstörungen (Prosiegel 2002a).

Das *Kleinhirn* stellt ein weiteres elementares System der Sensomotorik dar. Es ist eine der entwicklungsgeschichtlich ältesten Strukturen des ZNS und enthält sogar mehr Neuronen als das Großhirn. Allerdings beginnt man die Wirkungsweise erst allmählich zu verstehen. Im Gegensatz zu den Basalganglien scheint das Kleinhirn vor allem für sensorisch von außen geleitete Bewegungen wichtig zu sein. Es erhält über die zuleitenden Bahnverbindungen alle Arten von sensorischen Informationen. Nach Untersuchungen mit funktioneller Bildgebung findet im Kleinhirn eine „Online-Übertragung" der tatsächlichen Bewegungsausführungen statt (Jueptner & Weiler 1998). Die abgehenden cerebellären Bahnen bilden Synapsen mit zahlreichen an der Steuerung der Motorik beteiligten ZNS-Strukturen und greifen unmittelbar korrigierend ein.

- Das Kleinhirn ist vor allem für die Harmonisierung der Willkürmotorik, die Gleichgewichtsregulation und zusammen mit anderen Systemen für den Muskeltonus verantwortlich.

- Neuere Untersuchungen geben Hinweise dafür, dass das Cerebellum zusammen mit den Basalganglien auch beim motorischen Lernen eine Rolle spielt (Sprengelmeyer, Canavan & Hömberg 1992, Timmann, Kolb & Jüpter 1998). Eine eventuelle Beteiligung des Kleinhirns an affektiven und kognitiven Prozessen wird kontrovers diskutiert.

Der *Hirnstamm* enthält alle auf- und absteigenden Bahnen, die Gehirn und Rückenmark miteinander verbinden, sowie eine Reihe wichtiger Kerne. Letztere bilden die Ursprungsgebiete der Hirnnerven, die die orofacialen und laryngopharyngealen Strukturen versorgen. Darüber hinaus sind spezielle Kernzentren des Hirnstamms für die Steuerung des Schluckprozesses verantwortlich. Dies wird im nächsten Kapitel genauer dargestellt.

Die wichtigsten *motorischen Verbindungsbahnen* des ZNS sind die Pyramidenbahn und das extrapyramidale System. Die *Pyramidenbahn* spielt vor allem für Willkürbewegungen eine wesentliche Rolle. Ein Teil der Pyramidenbahn, der unter dem Begriff Tractus corticobulbaris zusammengefasst wird zieht von den Rindenarealen zu den motorischen Kernen im Hirnstamm. Die zweite Gruppe, der Tractus corticospinalis innerviert die motorischen Kerne des Rückenmarks. Die Fasern verlaufen strahlenförmig von den motorischen Rindenarealen durch die weiße Substanz (Corona radiata) und sind in der inneren Kapsel (Capsula interna) dicht zusammengedrängt. Aufgrund der hohen Dichte können einerseites kleine Läsionen multiple motorische Störungen verursachen. Da die Fasern die somatotope Anordnung beibehalten, kann andererseits eine kleine Schädigung unter Umständen nur eine selektive De Efferentierung einzelner kortikaler motorischer Areale bewirken. Daraus resultieren dann spezifische motorische Beeinträchtigungen (Übersicht in: Fries 1997). In Höhe des Mittelhirns zieht ein Teil der Pyramidenbahnfasern in Richtung dorsal teils gekreuzt, teils ungekreuzt zu den motorischen Hirnnervenkernen. Der größte Teil der Pyramidenbahnfasern (80-85%) kreuzt am Übergang von Medulla oblongata und Rückenmark auf die Gegenseite (decussatio pyramidum).

Das *extrapyramidale System* ist nach dem Ausschlussprinzip benannt und beinhaltet jene Bahnen die nicht zum Pyramidensystem gehören. Die Funktionen der einzelnen extrapyramidalen Trakte sind nicht hinreichend geklärt. Wir wissen dass sie die Willkürbewegungen der Pyramidenbahn unterstützen und den fein abgestuften glatten Ablauf einer Bewegung ermöglichen. Unbewusste Abläufe, wie Mitbewegungen und lang eingeübte automatisiert ablaufende Bewegungsmuster werden ebenfalls vom extrapyramidalen System kontrolliert. Während die Pyramidenbahn eine Direktverbindung zwischen Kortex und zweitem motorischem Neuron herstellt, weist das extrapyramidale System eine Vielzahl von Verbindungen auf, die alle im ZNS verlaufen. Bildlich ausgedrückt bestehen neben der „Langstrecke" Pyramidenbahn noch die zahlreichen kürzeren „Lokalbahnen" des extrapyramidalen Systems, die den Kortex über viele Schaltstellen mit den Hirnnervenkernen und den Vorderhornzellen des Rückenmarks verbinden. Zu nennen sind Fasern die von der Hirnrinde zum Kleinhirn verlaufen, andere ziehen zu den Basalganglien, vor allem zum Corpus striatum, zum roten Kern und zur Substantia nigra. Des Weiteren bestehen Faserverbindungen zur Formatio reticularis, einer diffus angelegten, netzartigen Neuronenansammlung im Hirnstamm und einigen anderen Kerngebieten z.b. im Mittelhirn. Die Grenzen der einzelnen Fasersysteme sind nicht streng voneinander getrennt, sie vermischen sich mit benachbarten Bahnen. So sind bei Schädigungen der Pyramidenbahn meist auch extrapyramidale Fasern betroffen. Die Verbindungssysteme zu den *Basalganglien* und zum *Kleinhirn* werden meist dem extrapyramidalen Trakt zugeordnet. Manche Autoren bezeichnen diese als eigene Kontrollschleifen, da sie nicht unmittelbar auf die motorischen Neurone des Hirnstamms oder Rückenmarks projizieren.

Die einzige Möglichkeit für alle zentral absteigenden Bahnen oder peripher aufsteigenden Verbindungen muskuläre Reaktionen zu erzeugenist die Aktivierung der Motoneurone im Hirnstamm oder/und Rückenmark. Deren efferente Fasern ziehen direkt zur Muskulatur. Wichtig ist zu verstehen, dass nur die Erregung der sog. *Alphamotoneurone* zu einer messbaren Muskelkontraktion führt. Diese projizieren zu denextrafusalen Muskelfasern, die die kontraktilen Elemente eines Muskels bilden. Eine andere Gruppe die so genannten *Gammamotoneurone* sind an der Erhaltung der Muskellänge beteiligt, indem sie die Alphamotoneurone aktivieren oder hemmen. Sie ziehen zu den intrafusalen Muskelfasern in den Muskelspindeln, welche Streckrezeptoren enthalten. Das Gammasystem ist wichtig für die Feinanpassung der Bewegungen. Muskelspindeln befinden sich in fast allen Skelettmuskeln, jedoch nicht in der Gesichts- und der Rachenmuskulatur. Neben dem Längenkontrollsystem verfügt ein Muskel auch über ein Spannungskontrollsystem, das so genannte Golgische Sehnenorgan. Dieses reguliert den Kraftaufwand der Muskeln. Allerdings scheinen mit Ausnahme der Atmungsmuskulatur die Golgischen Sehnenorgane in den Schluck- und Sprechmuskeln kaum vorzukommen (Übersicht: Kuehn, Lemme & Baumgartner 1989).

Die Längen- und Spannungskontrolle scheint demnach für bestimmte Schluck-, beziehungsweise Sprechmuskeln anders, als in der übrigen Skelettmuskulatur zu erfolgen. Über die genaue Wirkungsweise kann derzeit nur spekuliert werden.

1.4.3 Theorien der sensomotorischen Kontrolle

Ob bei Schädigungen des ZNS Schluckstörungen mit den verschiedenen oralmotorischen Willkürfunktionen assoziieren oder dissoziieren, ist letztendlich abhängig von der Organisationsstruktur der zentralnervösen Kontrollprozesse. Die letzten beiden Kapitel haben die Komplexität der Strukturen und Steuerungsmechanismen verdeutlicht. Trotz rasanter Fortschritte ist unser Kenntnisstand insgesamt noch sehr lückenhaft. Über die Prinzipien der oralmotorischen Kontrollprozesse lässt sich derzeit nur spekulieren. Es kristallisieren sich zwei konträre Ansichten heraus:

1. Theorie der gemeinsamen Kontrollprozesse

2. Theorie der spezialisierten, eigenständigen Kontrollprozesse

Theorie der gemeinsamen Kontrollprozesse

Dem lange favorisierten Modell einer entwicklungs- bedingten Funktionshierarchie liegt die Vorstellung eines gemeinsamen elementaren sensomotorischen Systems zugrunde. Die entscheidende theoretische Grundlage hierfür lieferte die These Jacksons: „Das Gehirn kontrolliert Bewegungen und nicht Muskeln" (Jackson 1958, zitiert nach Freivogel 1997).Jackson wurde so interpretiert, dass eine kortikale Läsion immer zu komplexen Bewegungsstörungen führt. Dabei kontrollieren die kortikalen Strukturen die tiefer gelegenen Kerngebiete. Ein Verlust der Kontrolle höherer Regionen kann tiefere neuronale Netzwerke enthemmen, zu Tonusveränderungen und abnormen komplexen Bewegungsmustern führen. Dementsprechend wird auch die Bewegungsentwicklung als hierarchische Organisation verstanden. Man nimmt an, dasssich aus den evolutionär älteren Funktionen die jüngeren „höheren" motorischen Leistungen, also die willkürlichen Funktionen entwickeln (Bobath & Bobath 1994). So sollen die „primitiven" Schluckmuster der Saug- und Beißreflexe die Vorstufe zum höher entwickelten Kaureflex bilden. Letzterer wird wiederum als Basis für die Entstehung der Silbenstruktur angesehen, die durch die alternierenden Kieferöffnungs- und Schließbewegungen des Vokal-Konsonantenmusters charakterisiert ist (MacNeilage 1998, MacNeilage & Davis 2000). Unwillkürliche, emotionale Lautäußerungen, wie Lachen, Weinen, Schreien gelten als Vorläufer der willkürlichen Stimmgebung (Crickmay 2001). Bewegungsentwicklung und Organisation wird demnach als zunehmende kortikale Kontrolle über die „primitiven" Bewegungsmuster verstanden. Störungen einer unteren Funktionsebene, beispielsweise des Schluckens müssten sich demnach auf alle nachfolgenden Funktionssysteme der oralmotorischen Entwicklungsreihe auswirken.

Tabelle 1.6: Theorie der gemeinsamen Kontrollprozesse der oralmotorischen Funktionen

Elementares sensomotorisches System		Facioorale laryngopharyngeale respiratorische Muskeln
	• Vegetativ: Atmung, Schlucken	
	• Emotional: Mimik, Lachen, Schreien, Weinen	
	• Willkürlich: Sprechen, Singen, nichtsprachliche, parasprachliche Willkürbewegungen	

> ➢ Nach der Theorie der gemeinsamen Kontrollprozessekann bei Erkrankungen des ZNS eine Schluckstörung nie isoliert auftreten.

Theorie der eigenständigen Kontrollprozesse

Nach dieser Auffassung existieren unterschiedliche Subsysteme für die eigenständige Kontrolle der verschiedenen oralmotorischen Bewegungsfunktionen. Gesichtsmuskulatur, Zunge, Velum, Kiefer, Larynx und Pharynx sind zu sehr unterschiedlichen Funktionen fähig. Ob beispielsweise geschluckt oder gesprochen wird, erfordert spezielle Bewegungsabfolgen und spezifische sensorische Afferenzen. Die Theorie der eigenständigen Kontrollprozesse geht davon aus, dass die verschiedenen oralmotorischen Subsysteme spezialisierten neuronalen Schaltkreise und Kontrollzentren unterliegen. Entscheidendes Kriterium ist hier die jeweilige Bewegungsaufgabe. Ziegler (2003a, 2003b) unterscheidet in seinem „Task-dependent model of oral motor control" zwischen den vegetativen und emotionalen sensomotorischen Systemen, dem Sprechsystem und neu erlernten sensomotorischen Fähigkeiten.

Tabelle 1.7: Theorie der eigenständigen Kontrollprozesse der oralmotorischenFunktionen (mod. nach Ziegler 2003a).

Spezialisierte sensomotorische Kontrollprozesse			Facioorale laryngopharyngeale respiratorische Muskeln
	⇨	• Vegetatives sensomotorisches System: Atmung, Schlucken	
	⇨	• Emotionales sensomotorisches System: Mimik, Lachen, Schreien, Weinen	
	⇨	• Sensomotorisches Sprechsystem: Sprechen	
	⇨	• Neu erlernte willkürliche sensomotorische Fähigkeiten z.B. nichtsprachliche, parasprachliche Willkürbewegungen	

Die Kategorisierung in verschiedene Subsysteme verdeutlicht die Verschiedenartigkeit der Bewegungsfunktionen. Schlucken zählt zu den basalen vegetativen Funktionen. Sprechen gilt als hoch überlernte Bewegung, die der Willkürmotorik zuzuordnen ist. Nichtsprachliche/parasprachliche Willkürbewegungen
haben für den Alltag keine funktionelle Bedeutung. Die Bewegungen werden in
der Regel erstmals während der Therapie durchgeführt und müssen demzufolge
neu erlernt werden. Es handelt sich also um völlig unterschiedliche „Bewegungsaufgaben". Nach diesem Modell würden Schlucken, die nichtsprachli-
chen/parasprachlichen und sprechmotorischen Funktionen jeweils spezialisierten
Steuerungsmechanismen unterliegen.

> Nach der Theorie der spezialisierten Kontrollprozesse kann eine Dysphagie
  völlig isoliert vorkommen.
> Sind mehrere Systeme betroffen, treten assoziierte Störungen auf. Eine
  Schluckstörung könnte dann durchaus kombiniert mit Funktionseinbußen anderer oralmotorischer Systeme einhergehen.

1.5 Sensomotorische Steuerung der Schluckfunktion als Hintergrund der Problemstellung

Das folgende Kapitel beschreibt den derzeitigen Kenntnisstand über die sensomotorische Kontrolle des Schluckvorganges und bildet damit eine wichtige theoretische Basis für die vorliegende Problemstellung. Ein Teil unserer Kenntnisse
über die neurale Organisation des Schluckens basiert auf tierexperimentellen
Studien. Seit der Einführung Computer gestützter diagnostischer Technologien,
die es ermöglichen die Aktivität des Gehirns beim wachen Patienten zu untersuchen, ist unser Wissen über die zentralnervöse Kontrolle des Schluckprozesses
beim Menschen deutlich angewachsen. Zu nennen sind hier vor allem die Untersuchungen mittels transkranieller Magnetstimulation (TMS), der Positronen-
Emissionstomographie (PET), sowie der funktionellen Kernspintomographie
(funktionelle Magnetische Resonanztomographie, fMRT).

1.5.1 Schluckrelevante Großhirnstrukturen

Einige der am Schluckvorgang mitwirkenden kortikalen Strukturen überlappen
zwar mit sprechrelevanten Arealen, sie sind jedoch nicht identisch. Im vorhergehenden Kapitel wurde darauf hingewiesen, dass selbst innerhalb überlappen-
der Regionen eine Differenzierung auf neuronaler Ebene im Sinne spezifischer
funktioneller Einheiten besteht. Dies verdeutlicht beispielhaft die Untersuchung
von Martin et al. (1997), dieim Tierversuch mit Primaten nachwiesen, dass im
primär motorischen Kortex manche Neuronen ausschließlich während des
Schluckens, andere wiederum nur bei einer trainierten oralmotorischen Bewegung (Zungenprotraktion) aktiviert wurden.

Für Kauen und Schlucken sind unabhängig davon ob willkürlich intendiert oder
automatisiert, die folgenden drei *Großhirnareale* bedeutend (Martin & Sessle
1993, Martin et al. 2001) (siehe Abbildung 1.5):

1. Der Bereich des untersten Abschnitts der sensomotorischen Rinde (so ge-
   nanntes frontoparietales Operculum)
2. Die sekundär motorischen Rindenareale

3. Die vordere Insel (eingesunkenes Rindengebiet, das an der lateralen He-
misphärenoberfläche, unmittelbar unter den Opercula liegt)

Da die Schluckmuskulatur in beiden Hirnhälften repräsentiert ist, wurde lange
Zeit die Ansicht vertreten, dass nur bilaterale kortikale Läsionen zu Dysphagien
führen. Es wurden jedoch immer wieder Fälle beobachtet, die nach einseitigen
Großhirnläsionen eine Schluckstörung zeigten (Meadows 1973, Robbins & Le-
vin 1988, Daniels & Foundas 1997). FMRT, TMS und PET-Studien der letzten
Jahre halfen die Frage zu klären, warum in einigen Fällen rechtsseitige, in anderen Fällen linksseitige kortikale Läsionen Schluckstörungen bewirken. Hamdy et
al. (1997)wiesen erstmals nach, dass die „schluckrelevanten" kortikalen Repräsentationsareale zwar beidseitig, jedoch asymmetrisch und unabhängig von der
Händigkeit repräsentiert sind. So zeigte der Vergleich mittels TMS der Patienten
nach einseitigen Großhirnläsionen mit und ohne Dysphagie, dass die nicht
dysphagischen Patienten auf der gesunden Hirnhälfte größere muskuläre Ant-
worten aufwiesen als die Dysphagiepatienten. Betrifft die Schädigung die
schluckdominante Hirnhälfte resultiert eine Dysphagie. Ist dagegen die Affektion auf der Seite mit den kleineren schluckrelevanten Arealen wird die Störung
vermutlich kompensiert.

Strukturen der *Basalganglien* und des *Kleinhirns* sind ebenfalls am Schluck-
vorgang beteiligt. Allerdings ist deren Wirkungsweise bezüglich des Schluck-
prozesses nicht geklärt. Bei Affektionen der Basalganglien, beispielsweise beim
Parkinson-Syndrom, treten häufig Schluckstörungen auf. Über deren charakte-
ristische pathophysiologische Symptomatik gibt es in der Literatur differierende
Angaben. Während einige Studien den Störungsschwerpunkt in der oralen
Schluckphase (Blonsky et al. 1975, Robbins, Logemann & Kirschner 1986,
Bushmann et al. 1989, Leopold & Kagel 1996) aufzeigen, dokumentieren andere
Arbeiten überwiegend pharyngeale Beeinträchtigungen (Hurwitz & Duranceau
1978, Ali et al. 1996)Darüber hinaus wird über ein häufiges Vorkommen ö-
sophagealer Störungen berichtet (Logemann et al. 1977, Bassotti et al. 1998).
Bei Erkrankungen des Kleinhirns kommt es selten zu Dysphagien, außer es liegen sekundäre Läsionen des Hirnstamms, z.B. durch Raumforderungen vor. Allerdings konntenHamdy et al. (1999) in einer PET-Studie an gesunden Proban-

den während des Schluckens eine Beteiligung oberer und medialer Anteile des Cerebellums nachweisen. In einer jüngstenFMRT-Studie von Suzuki et al. (2003) wurden beim willkürlich initiierten Schlucken eine bilaterale Aktivierung sowohl der Basalganglien als auch des Kleinhirns beobachtet. Kerngebiete des *Hypothalamus*, also Regionen die für basale Körpervorgänge verantwortlich sind (z.B. Atmung, Stoffwechsel, Wärme-Wasserhaushalt, hormonelle Abläufe usw.) spielen für den Schluckvorgangs ebenfalls eine Rolle. Vermutlich wirken sie an der Integration somatischer und autonomer Vorgänge mit.

Abbildung 1.5: Schematische Darstellung zur Beteiligung der Großhirnareale an der sensomotorischen Steuerung des Schluckens (mod. nach Bass 1997).

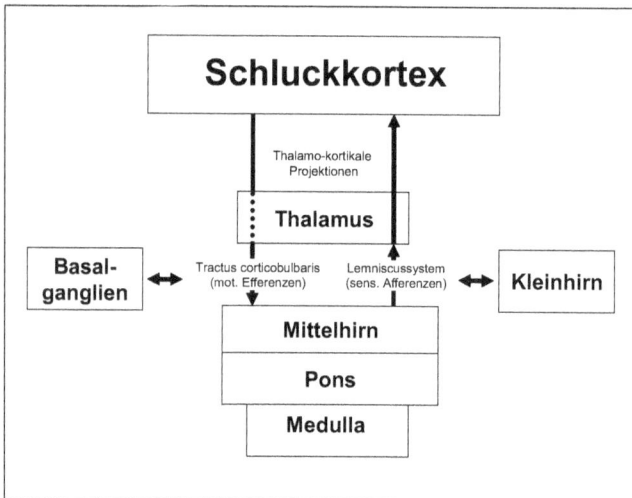

Insgesamt kann über die Rolle der Großhirnareale am Schluckvorgang derzeit nur spekuliert werden. Miller (1999) vermutet, dass die höheren Zentren für die Steuerung von Nahrungsaufnahme, Kauen und oralem Transport, sowie für die willkürliche Initiierung des Schluckvorganges und für motorisches Lernen verantwortlich sind. Des Weiteren können höhere Hirnregionen die Schluckreflex-auslöseschwelle beeinflussen und den Bewegungsvorgang vermutlich modulieren beziehungsweise regulieren. Existieren die Verbindungen zum Großhirn noch nicht (z.B. beim menschlichen Fötus) oder nicht mehr (z.B. beim „Persistent Vegetative State" [PVS], früher „apallisches Syndrom" genannt) kann auf Hirnstammebene geschluckt werden. Andererseits kommt es bei Großhirnläsionen vermutlich durch Fehlregulierungen der höheren Ebene zu Schluckstörungen. Dies kann sich unter Umständen negativer auswirken als die völlige Unterbrechung des Informationsflusses vom Hirnstamm zum Großhirn (Prosiegel 1999).

1.5.2 Schluckrelevante Strukturen des Hirnstamms und periphere Innervation

Auf Hirnstammebene gibt es einerseits Strukturen die gleichzeitig bei verschiedenen oralmotorischen Funktionssystemen mitwirken und andererseits Regionen die ausschließlich den Schluckvorgang kontrollieren.erstere betreffen die Kerne, also die Ursprungsgebiete der Hirnnerven, deren Fasern die faciooralen und laryngopharyngealen Muskelsysteme versorgen. Letztere beziehen sich auf funktionsspezifische Neuronenansammlungen, so genannte Pattern Generators, die sich in Höhe der Medulla oblongata befinden und speziell die reflektorischen Schluckphasen steuern.

Motorische Hirnnervenkerne und periphere motorische Innervation

Am Schlucksystem sind die motorischen Hirnnerven V, VII, IX, X, XI und XII und die drei oberen Zervikalnerven beteiligt. Die motorischen Kerngebiete des *Nervus trigeminus* (V) und des *Nervus facialis* (VII) befinden sich in der Brücke. Der Trigeminus versorgt die Kaumuskulatur und den Gaumensegelspanner. Der N. facialis projiziert zu den Gesichtsmuskeln und zur äußeren Mundbodenmuskulatur. Im medullären Bereich des Hirnstamms liegt der *Nucleus ambiguus* (NA), der das motorische Kerngebiet für den *N. glossopharyngeus (IX)* und den *N. vagus (X)*, sowie für den kranialen Anteil des *N. accessorius* (XI) darstellt. Vom Nucleus ambiguus aus werden alle Muskeln des Gaumensegels (mit Ausnahme des Gaumensegelspanners), des Pharynx und Larynx versorgt.Im unteren Drittel der Medulla oblongata befindet sich das Kerngebiet des *N. hypoglossus* (XII). Der Zungennervinnerviert sowohl die intrinsische als auch die extrinsische Zungenmuskulatur.Nervenfasern der *Zervikalsegmente* C1-C3 ziehen zusammen mit Fasern des N. Hypoglossus als so genannte Ansa cervicalis zu den unteren Zungenbeinmuskeln. Letztere wirken an der Senkung, sowie an der Stabilisierung des Zungenbeins und des Kehlkopfes mit.

Die Kernstrukturen der genannten Hirnnervenkerne lassen eine topische Gliederung erkennen, die einzelne Muskeln oder Muskelregionen repräsentieren (Perlman & Christensen 1996).In Tabelle 1.8 und 1.9 ist zusammenfassend die efferente nervale Versorgung am Schluckvorgang beteiligter Muskeln dargestellt. Dies stimmt zwar mit dem Sprechapparat weitgehend überein, die genannten Strukturen stellen jedoch nur die ausführenden Organe dar. Damit der periphere Nervenapparat zum sprechen, schlucken usw. aktiviert wird, sind spezielle zentrale Steuerungsmechanismen und funktionsspezifische sensorische Feedbackmechanismen erforderlich.

Tabelle 1.8: Motorische Innervation der oralen Schluckphase.

Motorische Funktion	Muskel	Innervation
Kieferschluss	M. temporalis	Trigeminus V
	M. masseter	Trigeminus V
	M. pterygoideus medialis	Trigeminus V
Kieferöffnung	Mundbodenmuskulatur:	
	M. mylohyoideus	Trigeminus V
	M. digastricus anterior	Trigeminus V
	M. geniohyoideus	Hypoglossus XII
	Platysma	Facialis VII
Kieferöffnung seitliche Kieferbewegungen	M. pterygoideus lateralis	Trigeminus V
Lippenbewegungen	M. orbicularis oris	Facialis VII
Wangenkontraktion	M. buccinator	Facialis VII
Formveränderungen der Zunge	intrinsische Zungenmuskeln:	Hypoglossus XII
	M. longitudinalis	
	M. transversus	
	M. verticalis	
Lageveränderungen der Zunge vorstrecken, senken senken zurückziehen, heben	extrinsische Zungenmuskeln: M. genioglossus M. hyoglossus M. styloglossus	Hypoglossus XII

Tabelle 1.9: Motorische Innervation der pharyngealen Schluckphase.

Motorische Funktion	Muskel	Innervation
Gaumensegelhebung, Verschluss des Nasopharynx	M. levator veli palatini	*Plexus pharyngeus
	M. uvulae	*Plexus pharyngeus
	M. tensor veli platini	Trigeminus V
Verengung des Racheneingangs	M. styloglossus	Hypoglossus XII
	M. pterygopharyngeus	*Plexus pharyngeus
	M. palatoglossus	*Plexus pharyngeus, kranialer Accessorius XI
	M. palatopharyngeus	*Plexus pharyngeus
	M. stylohyoideus	Facialis VII
	M. digastricus posterior	Facialis VII
	M. stylopharyngeus	*Plexus pharyngeus
	M. salpingopharyngeus	*Plexus pharyngeus
	M. constrictor pharyngis superior	*Plexus pharyngeus, kranialer Accessorius XI
Pharyngeale Reinigungswelle	M. constrictor pharyngis medius	*Plexus pharyngeus *Plexus pharyngeus
	M. constrictor pharyngis inferior	*Plexus pharyngeus *Plexus pharyngeus, N. rekurrens X, äußerer Ast des N. laryngeus superior X
Kehlkopfhebung nach vorn oben	M. mylohyoideus	Trigeminus V
	M. digastricus anterior	Trigeminus V
	M. geniohyoideus	Hypoglossus XII
nach oben rückwärts	M. stylohyoideus	Facialis VII
	M. digastricus posterior	Facialis VII

	M. thyreohyoideus	Hypoglossus XII
	M. stylopharyngeus	*Plexus pharyngeus
Senken des Kehlkopfs	M. omohyoideus	*Ansa cervicalis XII
	M. sternohyoideus	*Ansa cervicalis XII
	M. sternothyroideus	*Ansa cervicalis XII
Verschluss des Kehlkopfs, Schutz der Luftwege	M. cricothyroideus	N. laryngeus superior X
	M. thyreoarytaenoideus	N. laryngeus recurrens X
	M. cricoarytaenoideus lateralis	N. laryngeus recurrens X N. laryngeus recurrens X
	M. arytaenoideus transversus	N. laryngeus recurrens X
	M. arytaenoideus obliquus	N. laryngeus superior X
	M. ventricularis	

* Plexus pharyngeus: Äste des Vagus X, Glossopharyngeus IX

* Ansa cervicalis: Ast des N. hypoglossus XII, der sich mit den Spinalnerven aus C2-C4 des Plexus cervicalis (Halsgeflecht) verbindet

Sensorische Hirnnervenkerne und periphere sensorische Innervation

Primär sind während des Schluckprozesses somatosensorische Afferenzen und der Geschmackssinn beteiligt. Die aszendierenden Fasern der Hirnnerven V, VII IX und X steuern aus der Peripherie kommend die entsprechenden sensorischen Kerngebiete des Hirnstamms an. Für die beiden genannten Sinnessysteme sind vor allem das Trigeminuskerngebiet und der Nucleus tractus solitarius relevant. Von hier werden die Impulse sowohl an die motorischen Hirnnervenkerne, als auch an die sensorischen Areale des Großhirns verschaltet. Der Geruchs- und Gesichtssinn besitzen als „Genussvermittler" eine übergeordnete Bedeutung. Deren Afferenzen enden jedoch nicht mehr im Hirnstamm (siehe Kapitel 1.4.2). Im Folgenden werden die primär am Schluckvorgang beteiligten aszendierenden Systeme beschrieben.

Die *sensorische Trigeminskernregion* erstreckt sich vom Mittelhirn bis ins Halsmark und wird in drei Kerngebiete unterteilt (Nucleus sensorius principalis, Nucleus tractus spinalis, Nucleus mesencephalicus). Die Afferenzen entstammen den Trigeminusfasern aus dem Gesichts- und Mundhöhlenbereich, sowie dem Nasopharynx. Zum Nucleus sensorius principalis projizieren vor allem mechanosensible Reize, zum Nucleus tractus spinalis thermale und nozizeptive Stimuli und im Nucleus mesencephalicus werden überwiegend die propriozeptiven Impulse geschaltet. Der Nucleus tractus solitarii (NTS) stellt sich als langgezogene Kernregion dar, die sich vom unteren Bereich der Pons bis zum Übergang der Medulla oblongata in das Rückenmark erstreckt. Er ist Relaisstelle für die sensorischen Fasern des Nervus glossopharyngeus (IX) einschließlich seiner Geschmacksafferenzen, des sensorischen Nervus Vagus (X) und der Geschmacksfasern des N. facialis (VII). In den rostralen Bereich des NTS münden die Afferenzen aus dem Mundraum, darunter die Fasern aus den laryngopharyngealen Arealen und im kaudalen Abschnitt entspringen die sensorischen Nervenfasern des übrigen Gastrointestinaltraktes. Der NTS stellt nicht nur das Ursprungsgebiet wichtiger sensorischer Nerven dar, er besitzt darüber hinaus integrative Funktionen für den Schluckvorgang, die Atmung und das kardiovaskuläre System. Tabelle 1.10 verdeutlicht die Komplexität der primär am Schluckprozess beteiligten Afferenzen.

Tabelle 1.10: Sensorische Innervation.

Sensorische Modalität	Areal	Innervation
Oberflächensensibilität (Exterozeption)	Gesichtshaut Vorderzunge Ober- und Unterkiefer Zähne, Zahnfleisch Schleimhäute (Wangen, harter und weicher Gaumen, Nasenraum, Nasopharynx)	Trigeminus V
Tiefensensibilität (Propriozeption)	Kaumuskulatur, harter Gaumen (Bissstärke)	
Geschmack *Sekretion*	Vorderzunge Weicher Gaumen Unterzungenspeicheldrüse Tränendrüse Nasen- Gaumenschleimhaut	Facialis VII
Geschmack/Oberflächensens. *Sekretion*	Hinteres Zungendrittel Schleimhaut: vordere Gaumenbögen (Palatal- und Würgreflex) Tonsillen Oropharynx Parotis (Ohrspeicheldrüse) und der Schleimhäute im Versorgungsgebiet	Glossopharyngeus IX
Geschmacksempfindung	Epiglottis Valleculae	Vagus X

Oberflächensensibilität	Schleimhaut:	pharyngealer Ast
	Levator veli palatini	
	M. constrictor pharyngis superior (oberer Schlundschnürer)	
	M. constrictor pharyngis medius (mittlerer Schlundschnürer)	
Oberflächensensibilität	Schleimhaut:	N. laryngeus superior
	Laryngopharynx	(innerer Ast)
	Epiglottis	
	Larynxeingang bis zur Glottis	
	Laryngeale Gelenkrezeptoren	
	Zungenbasis (kleiner Anteil)	
Tiefensensibilität	Stellungsveränderungen Epiglottis, Aryknorpel	
Oberflächensensibilität	Schleimhaut:	N. laryngeus recurrens
	Larynx unterhalb der Glottis	
	M. constrictor pharyngis inferior (unterer Schlundschnürer)	
	Ösophagus	
Sekretion	Larynx, Laryngopharynx	
Oberflächensensibilität	Schleimhaut des Ösophagus und der gestreiften Muskulatur	ösophagealer Ast

Pattern Generators

Der Terminus „Pattern Generators" (PGs) wird als operationaler Begriff verwendet und bezeichnet Neuronenansammlungen, deren Stimulation Motoneurone in einer spezifischen Sequenz aktivieren (Rossignol & Dubuc 1994). In tierexperimentellen Studien wurden für die Kontrolle der pharyngealen Schluckphase im medullären Anteil jeder Hirnstammhälfte zwei PGs nachgewiesen. Entsprechend ihrer Lage unterscheidet man zwischen den *dorsomedialen* und den *ventrolateralen* Schluckzentren. Die Aktivierung, beziehungsweise die Triggerung der Bewegungskette erfolgt durch sensorischen Input aus der Peripherie. Die beiden hinteren PGs beinhalten Zellen des NTS und der dorsalen Formatio reticularis, die beiden vorderen überlappen sich mit dem NA und ventralen Anteilen der Formatio reticularis. Die PGs haben vermutlich zwei unterschiedliche Funktionen (Jean 1990). Die dorsalen Schluckzentren enthalten so genannte „Generator (Master) Neurons", die für die Planung der räumlich zeitlichen Koordination des Schluckvorganges zuständig sind. In den dorsalen und ventralen Anteilen der medullären Formatio reticularis befinden sich so genannten „Switching Neurons", die das Koordinationsprogramm zu den entsprechenden motorischen Hirnnervenkernen (NA, Hypoglossuskerne, mot. Trigeminuskerne, mot. Facialiskerne) projizieren. Für die zeitliche Koppelung der pharyngealen mit der ösophagealen Phase wird ein Schluckzentrum zwischen dem NTS und dem Nucleus dorsalis nervus vagi vermutet.

Die genannten Schluckzentren scheinen auch beim Menschen zu existieren. Hamdy et al. (1999) haben in einer PET-Studie bei Gesunden die Aktivitäten der dorsalen medullären Hirnstammregionen während des Schluckens bestätigt. Läsionsstudien an Schlaganfallpatienten zeigten, dass es beim dorsolateralen Medulla oblongata Infarkt mit den klinischen Zeichen des so genannten Wallenberg-Syndroms häufig zu schweren Schluckstörungen kommt (Sacco et al. 1993). Das Läsionsareal umfasst beim Wallenberg-Syndrom sowohl den dorsomedialen, als auch den ventrolateralen medullären Bereich. Auch Tumoren des 4. Ventrikels können schwere Schluckstörungen verursachen, wenn der vordere und hintere Bereich der Medulla oblongata beidseits affiziert ist (Prosiegel, Wagner-Sonntag & Scheicher 1997) In Tierversuchen wurden im Hirnstamm noch weitere Schluckzentren entdeckt, bei der Katze beispielsweise ein pontines Schluckzentrum. Ob beim Menschen neben den medullären Zentren noch weitere PGs im Hirnstamm existieren ist bislang nicht gesichert.

Abbildung 1.6: Konzept der schluckrelevanten „Pattern Generators" (mod. nach Miller 1999).

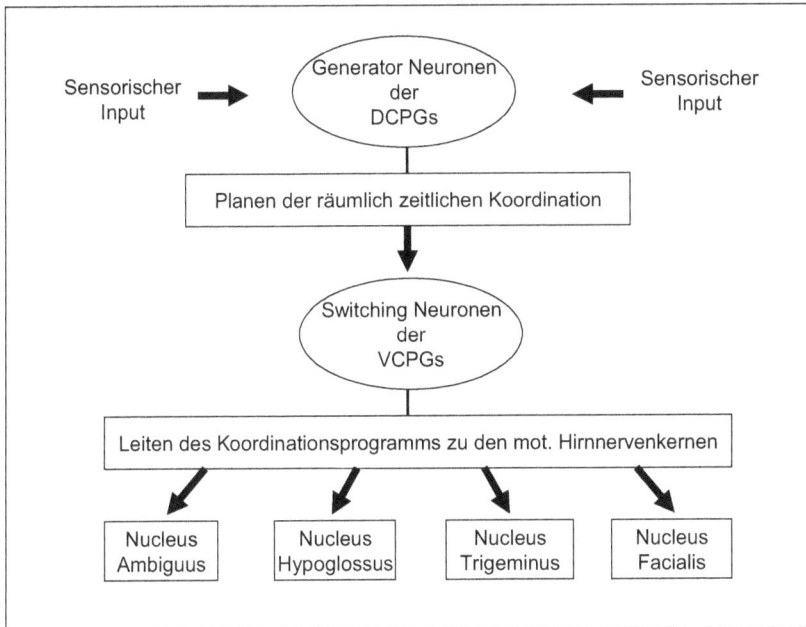

1.5.3 Funktionskreise der drei Schluckphasen

Steuerung der oralen Schluckphase (orale Vorbereitungs-, orale Transportphase)

Während der oralen Schluckphase wird der Bolus „schluckfertig" vorbereitet und Richtung Oropharynx transportiert. Dies erfordert ein koordiniertes Zusammenspiel von etwa 20 Muskelpaaren. Da die orale Phase die einzige Schluckphase ist, die der willentlichen Steuerung unterliegt, spielt die Kontrolle durch höhere Hirnabschnitte eine wesentliche Rolle. Die kortikalen schluckrelevanten Areale projizieren via Tractus corticobulbaris (Pyramidenbahn) zu den motorischen Hirnnervenkernen V, VII und XII des Hirnstamms. Die meisten Fasern der Pyramidenbahn ziehen zur kontralateralen Seite, ein geringerer Anteil versorgt die ipsilateralen motorischen Kerne. Von hier steuern der N. trigeminus, der N. facialis und der N. hypoglossus für die orale Phase relevante Muskeln an. Um einen intakten Bewegungsverlauf zu garantieren, ist eine kontinuierliche sensorische Rückmeldung erforderlich. Diese geschieht über die peripheren Rezeptororgane der sensorischen Fasern des V., VII., IX. und X. Hirnnerven, immer zuerst zu den entsprechenden sensorischen Kerngebieten des Hirnstamms (sensorisches Trigeminusgebiet und NTS). Von hier werden die Informationen sowohl direkt an die motorischen Hirnnervenkerne, als auch an die kortikalen sensorischen Areale weitergeleitet. Dadurch wird der Bewegungsverlauf kontrolliert und über die efferenten Impulse reguliert, beziehungsweise nachkorrigiert. Die Mechanismen dieses so genannten „sensomotorischen Regelkreises" ermöglichen das zeitlich exakt koordinierte Zusammenspiel der beteiligten Muskeln und die Feinanpassung der Bewegungen an die jeweilige Bolusgröße und Boluskonsistenz (Miller 1999).

Steuerung der pharyngealen Schluckphase

An der pharyngealen Schluckphase sind etwa 30 Muskelpaare beteiligt, deren Aktionen mit dem respiratorischen System koordiniert werden müssen. Die pharyngeale Phase wird durch die beiden Schluckzentren des Hirnstamms reflektorisch gesteuert. Die Schluckreflexauslösung erfolgt, sobald der Bolus bestimmte Areale passiert. Als Haupttriggerareale gelten der Bereich der vorderen Gaumenbögen und die Zungenbasis (Hannig 1995).Bislang ist noch nicht geklärt welche Summation an Reizen beim Menschen die Auslösung der pharyngealen Bewegungskette bewirkt. Durch überwiegend somatosensorische und gustatorische Rezeptororgane wird der Bolus registriert und die Informationen über die entsprechenden sensiblen Fasern der Hirnnerven IX und X zum NTS gemeldet. Die Aktivierung der dorsomedialen Pattern Generators setzt den in Abbildung 1.6 dargestellten Projektionsmechanismus und damit die reflektorische Bewegungskette in Gang (Miller 1999).Nach dem Konzept der „Pattern Generators" läuft eine spezifische Bewegungsfolge nach initialer Auslösung selbsttätig, das heißt ohne weitere sensorische Afferenzen ab. Da, wie auch jüngste Untersuchungen bestätigen, die reflektorische Schluckphase eine Variabilität der Bewegungssequenzen zeigt (Kendall, Leonard & McKenzie 2003), scheinen darüber hinaus zusätzliche Rückkoppelungs- und Steuerungsmechanismen eine Rolle zu spielen. Vermutlich garantieren ständige sensorische Rückmeldungen, hauptsächlich über die Fasern des IX. und X. Hirnnerven die exakte Koordination und Feinanpassung der Bewegungen an die jeweilige Bolusgröße und Konsistenz etc. Mit bildgebenden Verfahren konnte die Beteiligung kortikaler Regionen an der pharyngealen Schluckphase bestätigt werden (Zald & Pardo 1999). Über deren Einfluss auf die reflektorische Bewegungskette kann derzeit nur spekuliert werden. Vermutlich wirken die kortikalen Impulse ebenfalls modulierend auf den Bewegungsverlauf (Prosiegel 2002).

Steuerung der ösophagealen Phase

Die Steuerung der ösophagealen Phase wird hier nur kurz erwähnt. Die peristaltischen Bewegungen des ösophagealen Muskelschlauches (primäre und sekundäre Peristaltik) werden einerseits zentral gesteuert und unterliegen andererseits Steuerungsmechanismen, die im Muskel selbst liegen. Die Ösophagusmuskulatur besitzt im oberen Speiseröhrenabschnitt quer gestreifte Muskelstrukturen, im mittleren Segment quer gestreifte und glatte Muskeln und im unteren Bereich eine glatte muskuläre Struktur. Die motorische und sensorische Innervierung erfolgt über den Nervus vagus. Vermutlich spielen für die Peristaltik der quergestreiften Muskeln Zellen im vorderen Bereich des Nucleus ambiguus eine entscheidende Rolle. Für die Kontraktionswelle der glatten Muskeln sind wahrscheinlich Zellen des Nucleus dorsalis nervi vagi wichtig. Sensorisch wird die Speiseröhre von einem Unterkern des Nucleus tractus solitarii versorgt.

Insgesamt lässt sich feststellen, dass insbesondere die Steuerungsmechanismen der reflektorischen Schluckphasen die Spezialisierung der schluckmotorischen Kontrollsysteme verdeutlichen. Umso mehr Brisanz gewinnt die Frage nach dem Zusammenhang zwischen Dysphagie und Störungen oralmotorischer Willkürbewegungen.

1.6 Diagnostische Verfahren und Begründung des methodischen Vorgehens

Die Dysphagiediagnostik beschäftigt sich zum einen rein deskriptiv mit dem Erfassen der *Symptome* und zum anderen analytisch schlussfolgernd mit dem Erkennen der *Störungsursache*. Aufgrund der Vielfalt der beteiligten Strukturen und der multiplen Störungsursachen sind an der Dysphagiediagnostik verschiedene Fachdisziplinen beteiligt. Die folgenden Abschnitte geben einen Überblick über derzeit mögliche Untersuchungsmethoden. Der experimentelle Teil dieser Arbeit basiert auf Daten der logopädisch-klinischen Eingangsuntersuchung und der Videoanalyse der radiologischen Funktionsdiagnostik. Unter Berücksichtigung der Diagnosekriterien der verschiedenen Untersuchungsmöglichkeiten wird die Auswahl der beiden Verfahren begründet und für die Problemstellung relevante Aspekte hervorgehoben.

1.6.1 Klinische Eingangsuntersuchung

Das erste Glied der Diagnosekette bildet die klinische Eingangsuntersuchung des Sprachheilpädagogen/Logopäden. Hier wird im Sinne einer Screening-Methode aufgrund der klinischen Symptomatik beurteilt ob eine Schluckstörung vorliegt, mögliche Störungsursachen analysiert und bei auffälligem Befund das weitere diagnostische Procedere festgelegt. Die meisten publizierten Eingangsuntersuchungen beinhalten die folgenden drei Untersuchungsebenen (Linden, Kuhlemeier & Patterson, 1993, Goodrich & Walker 1997, Miller 1997, Logemann 1998, Bartolome 1999, Murray 1999, Schröter-Morasch & Bartolome 1999, Murry & Carrau 2001, Mann, G. 2002, Crary & Groher 2003):

1. Anamneseerhebung und Erfassung relevanter Daten aus der Krankengeschichte
2. Untersuchung am Schluckvorgang beteiligter Organe
3. Direkte Schluckprobe

Diese Vorgehensweise ermöglicht eine Gesamteinschätzung des Patienten, die nicht nur die Schlucksymptomatik erfasst. Insbesondere die Untersuchung am Schluckvorgang beteiligter Organe soll dazu beitragen, die Störungsursache zu finden.hierbei kommt der Prüfung nichtsprachlicher, parasprachlicher Willkürbewegungen eine wesentliche Rolle zu. In manchen Testreihen sind zusätzlich Sprechbewegungen mit „schluckrelevanten" Phonemzusammenstellungen (Logemann 1998) hinzugefügt. Die klinischen Daten der vorliegenden Arbeit entstammen der standardisierten Eingangsuntersuchung nach Schröter-Morasch & Bartolome (1999). Zum besseren Verständnis wird im nächsten Abschnitt der gesamte Untersuchungsverlauf im Überblick dargestellt.Eine genaue Beschreibung der in die Untersuchung einbezogenen Items findet sich im empirischen Teil.

Anamnese

Vor der Untersuchung werden die wichtigsten medizinischen Informationen aus der Krankengeschichte gesammelt, einschließlich der Angaben über die Ernährungsweise (oral/Sonde/diätetische Einschränkung), über den Schutz der Atemwege (Trachealkanüle geblockt, ungeblockt), sowie eventuelle Beeinträchtigungen der Extremitätenmotorik und der Kopf- Rumpfkontrolle. Ein einleitendes Gespräch zu Beginn der klinischen Untersuchung ermöglicht eine vorläufige Beurteilung der Kooperations- und Kommunikationsfähigkeit.

Nach der Kontaktaufnahme beginnt die gezielte Patientenbefragung. Ist diese aufgrund einer eingeschränkten Kooperations- oder/und Kommunikationsfähigkeit nicht möglich kann alternativ eine Fremdanamnese durch Befragen der Angehörigen und des Pflegepersonals durchgeführt werden. Der Fragenkatalog ist nach unspezifischen und phasenspezifischen Dysphagiezeichen gegliedert.

Untersuchung am Schluckvorgang beteiligter Organe

Am Schluckvorgang sind die Hals- und Gesichtsmuskulatur, die Zunge, die Kiefermuskulatur, sowie die velopharyngealen, laryngealen und respiratorischen Organe beteiligt. Die verschiedenen Untersuchungsmodalitäten sind in Abbildung 1.7 dargestellt.

Abbildung 1.7: Untersuchung am Schluckvorgang beteiligter Organe.

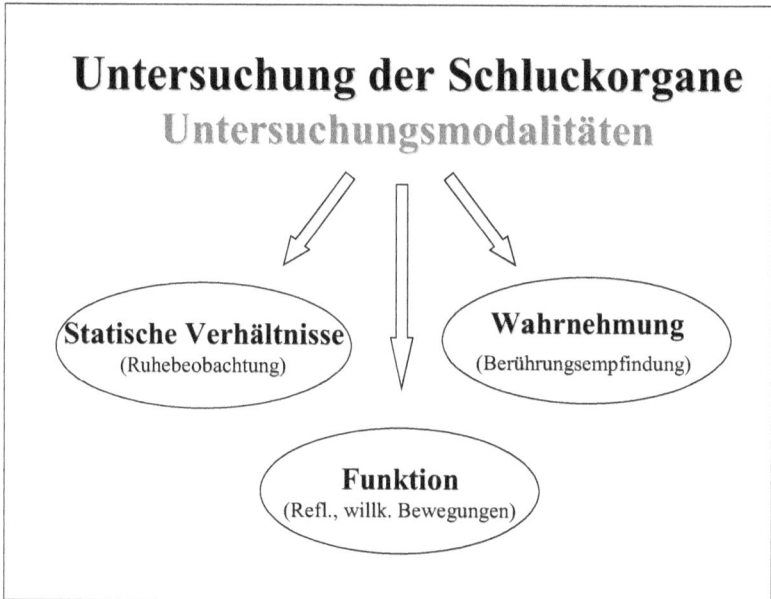

Untersuchung der Schluckorgane
Untersuchungsmodalitäten

Statische Verhältnisse
(Ruhebeobachtung)

Wahrnehmung
(Berührungsempfindung)

Funktion
(Refl., willk. Bewegungen)

Vor der eigentlichen Funktionsprüfung beobachtet man die *statischen Verhältnisse*. In Ruhe werden die Oberflächenstruktur der Organe, ihre Form, Lage,
sowie die Tonusverhältnisse bewertet und auf eventuelle unwillkürliche pathologische Bewegungen (z.B. Ruhetremor) geachtet. So können beispielsweise
Strukturveränderungen Hinweise auf das mögliche Ausmaß der Motilitätsstö-
rung geben.

Die *Funktionsprüfung* umfasst reflektorische und willkürliche Bewegungen.
Letztere nehmen als nichtsprachliche und parasprachliche Willkürbewegungen
den Hauptanteil dieses Subtests ein.

Reflektorische Bewegungen werden hinsichtlich ihrer Auslösbarkeit überprüft.
Zu den normalen oralen Reflexen des Erwachsenenalters gehören der Masseter-
reflex (Kieferschluss nach Beklopfen des M. Masseter mit dem Reflexhammer
bei geöffnetem Mund), der Palatalreflex (Anhebung des Gaumensegels nach

Berührung der vorderen Gaumenbögen), der Würgreflex (Anhebung des Gaumensegels, Kontraktion der Rachenmuskeln nach Berührung der Hinterzunge)
und der Hustenreflex (explosionsartige Sprengung der Glottis, ausgelöst durch
Fremdsubstanzen in den Luftwegen). Eine fehlende oder erschwerte Auslösbarkeit dieser unwillkürlichen Bewegungen lässt auf Affektionen des zweiten motorischen Neurons schließen. Als Zeichen der zerebralen Desintegration sind
pathologische orale Reflexe zu bewerten, die häufig im Frühstadium nach
schweren Hirnverletzungen auftreten (z.b. der Beißreflex).

Die *oralmotorischen Willkürbewegungen* führen die Patienten nach verbaler
Aufforderung oder imitatorisch durch. Es werden „schluckverwandte" nichtsprachliche und parasprachliche Willkürbewegungen hinsichtlich Bewegungsra-
dius,Zielgenauigkeit, Kraft, Geschwindigkeit und Wiederholbarkeit überprüft.
Auf den Muskeltonus, eventuelle unwillkürliche Bewegungen (z.B. Tremor) o-
der Apraxiezeichen wird ebenfalls geachtet. Die Bewertung der nichtsprachlichen Lippen, Kiefer-, Zungenbewegungen und der Velumhebung erfolgt visuell,
die Einschätzung der Muskelkraft taktil/propriozeptiv. Die willkürlichen Stimmlippenbewegungen werden auditiv beurteilt, beziehungsweise mit Computer ge-
stützten akustischen Analyseverfahren erfasst. Bei genauerer Betrachtung handelt es sich insgesamt um heterogene Aufgabengruppen. Die nichtsprachlichen
Bewegungen beinhalten rein motorische Aufgaben, also beispielsweise Kieferschluss, Zungenspitzenhebung etc. Die velopharyngealen und laryngealen Funktionen können dagegen nicht direkt motorisch angesteuert werden, da wir keine
mentale Repräsentation dieser Organe besitzen (Ziegler 2003a). Letztere werden
primär über das Medium Phonation, also auf parasprachlicher Ebene realisiert.
Die verschiedenen Aufgabengruppen lassen sich zwar unter dem Oberbegriff
Willkürbewegungen zusammenfassen, sie differieren jedoch im Hinblick auf
den unmittelbaren Ansteuerungsmodus.

Insbesondere die Prüfung der oralmotorischen Willkürbewegungen soll einen
wichtigen Beitrag zur Klärung der Schluckpathologie liefern. Man geht davon
aus, dass sich Störungen schluckrelevanter Willkürbewegungen im Schluckmuster widerspiegeln. Hier setzt die Fragestellung der vorliegenden Arbeit an.

Die dritte Untersuchungsmodalität betrifft die orale *Wahrnehmung,* im Besonderen die *Berührungsempfindung.* Man betupft mit einem Wattestäbchen die Lippen, Vorder- und Hinterzunge, sowie die Wangeninnenseiten und den weichen Gaumen. Es werden Intensität und Seitengleichheit der Empfindungen bewertet. Bei sensiblen Störungen im vorderen Mundbereich kann es beispielsweise zum Liegenbleiben, beziehungsweise Herauslaufen von Speichel oder Flüssigkeiten kommen.

Direkte Schluckprobe

Haben die bisherigen Befunde auf schwerwiegende strukturelle Defizite oder/und schwere oralmotorische Störungen und der Wahrnehmung hingewiesen, wird nur das Speichelschlucken überprüft. Andernfalls testet man Schluckproben mit kleinen Bolusvolumen (1/3 Teelöffel) flüssiger, breiiger oder/ und fester Nahrung. Bei diskreten Störungen beobachtet man eine ganze Mahlzeit. Die Bewertungskriterien umfassen die Fähigkeit zur selbstständigen Nahrungsaufnahme, Mundschluss, Kauen, Nahrungsaustritt aus dem Mund, die Dauer der oralen Phase und die Kehlkopfhebung. Schließlich wird die Schluckeffizienz durch Kontrolle der Nahrungsretentionen im Mundraum und nach Rachenreinigung geprüft. Veränderungen der Stimmqualität nach dem Schlucken (gurgelnde Stimme) oder husten/räuspern vor, während und nach dem Schluckreflex gelten als klinische Penetrations-, beziehungsweise Aspirationshinweise. Die schlucksymptomatischen Veränderungen der Stimmqualität haben deshalb eine völlig andere Genese als die motorischen Stimmstörungen. Im experimentellen Teil der Arbeit wird dies speziell berücksichtigt.

1.6.2 Radiologische Funktionsdiagnostik

Weltweit gelten derzeit als diagnostischer Goldstandard zur Analyse des gesamten Schluckvorganges die folgenden beiden radiologischen Untersuchungsmethoden:

1. **Hochfrequenzkinematographie**
   ➤ „HFK" (Jones & Donner 1982, Hannig 1985)
2. **Videofluoroskopie** (Logemann 1993, Hannig & Wuttge-Hannig 1999)
   ➤„VFSS" – **Videofluoroscopic Study of Swallowing**

In der vorliegenden Arbeit wurde zur Schweregradbestimmung der Schluckstörung die Methode der Videofluoroskopie gewählt. Die speziellen Analyse-
kriterien für den verwendeten Dysphagiescore sind im Untersuchungsteil beschrieben.

Da während des Schluckens sehr schnelle Bewegungsvorgänge ablaufen, benötigt man eine hohe Zeit- und Bildauflösung. Bei der *Hochfrequenzkinematographie* ist eine örtliche Auflösung von 50 bis 250 Bildern/s möglich. Verwendet wird ein übliches Zielgerät für die Magen-Darm-Diagnostik mit Bildverstär-
ker-Fernsehanlage, an das eine Kinokamera für die Filmdokumentation angeschlossen ist. Ein Pulsgenerator sorgt dafür, dass nur während der Kamera-
aufnahmen Strahlenimpulse abgegeben werden (Brühlmann 1990, Hannig
1995). Wegen des technischen Aufwandes und der hohen Kosten hat sich diese
Methode nicht als Routineuntersuchung durchgesetzt und ist deshalb speziellen
Zentren vorbehalten. Die Fortschritte der Videotechnik ermöglichen ein preis-
werteres, für schnelle Bewegungsvorgänge geeignetes Aufzeichnungsverfahren.
Für die *Videofluoroskopie* werden an den Röntgendurchleuchtungsplatz ein Zeilenkonverter und ein VHS-Videorekorder angeschlossen. Der Zeilenkonverter
passt die Bilder der Fernsehnorm an, so dass diese auf dem Monitor zu sehen
sind. Systembedingt ermöglicht die Videotechnik eine Aufnahmefrequenz von
25 Bildern/s. Für die klinische Arbeit und viele experimentelle Fragestellungen
hat sich die Aufnahmefrequenz von 25 Bildern/s als völlig ausreichend erwie-
sen(Hannig & Wuttge-Hannig 1999, Wuttge-Hannig & Hannig 2002). Inzwischen gibt es auch hoch entwickelte digitale Videographieverfahren, die eine
Aufzeichnung von 8-25 Bildern/s ermöglichen.

Während der Untersuchung befindet sich der Patient in der Regel in Sitzposition. Durchleuchtet wird im horizontalen Strahlengang in seitlicher und zusätzlich in frontalerSitzposition. Somit erhält man eine Profil- und eine Frontalansicht. Schwerpunktmäßig werden die Aufnahmen in Profilsicht durchgeführt,
die Frontalansicht eignet sich zur Beurteilung eventueller Asymmetrien. Es werden verschiedene Bolusgrößen und die drei Konsistenzen flüssig, breiig und
falls möglich auch feste Substanzen überprüft (Dobrinski 1999). Als Kontrastmittel eignet sich Barium, das in unterschiedlichen Konsistenzen angeboten
wird, flüssig, als Paste oder fest als „Marshmallow" (Baum et al. 1988). Alterna-

tiv kann flüssiges Kontrastmittel mit realer Nahrung vermischt werden, z.B. Pudding mit Kontrastmittel verrührt oder Brot mit Kontrastflüssigkeit getränkt. Bei Verdacht auf Aspiration sollte wegen der Lungenverträglichkeit das wasserlösliche, jodhaltige, nichtionische Iotrolan (Isovist®-300) verabreicht werden. Für die Auswertung wird der Schluckfilm in Zeitlupendarstellung Bild für Bild analysiert.

Die *Beurteilungskriterien* beziehen sich auf die pathophysiologischen Hauptsymptome der oropharyngealen Dysphagie: Residuen, Penetration und Aspiration (siehe Kapitel 1.3). Da mit der radiologischen Aufzeichnung der gesamte Schluckvorgang lückenlos erfasst wird, können die Aspirationsepisoden zeitlich eingeordnet werden (prä-, intra- und postdeglutitiv). Zugleich ermöglicht die Analyse der Aufnahmen eine Einschätzung der Aspirationsmenge und somit eine Beurteilung der Gefährdung des Patienten. Die Erfassung der Bewegungsparameter (Geschwindigkeit, Bewegungsamplitude, Koordination, Ersatz- oder Begleitbewegungen) und die Analyse eventueller morphologischer Störungen erlauben Rückschlüsse auf die Ursache der gestörten Schluckfunktion. Somit liefert die radiologische Untersuchung eine wesentliche Grundlage für die Therapieplanung (Bartolome & Schröter-Morasch 2002). Nachteil dieser diagnostischen Methode ist die Strahlenbelastung. Die Strahlendosis entspricht bei einer Durchleuchtungszeit von 30s in etwa einer konventionellen Röntgenaufnahme der gleichen Region (0,03 mSV). Im Vergleich hierzu beträgt die Strahlenbelastung einer 10-stündigen Flugreise ca. 0,04 mSV. Ein Schluckfilm dauert 2-3 Min., dies entspricht einer Strahlenbelastung von insgesamt 0,12 – 0,18 mSV.Trotz der relativ geringen Strahlendosis muss die Indikation für die radiologische Schluckdiagnostik sorgfältig gestellt werden. In jedem Fall sollte deshalb eine klinische Schluckuntersuchung und möglichst auch die videoendoskopische Diagnostik vorausgehen.

Der im empirischen Teil verwendete Dysphagiescore (siehe Kapitel 2.2.3) basiert auf den oben genannten Hauptkomponenten Residuen, Penetration und Aspiration, die zur Veranschaulichung in den folgenden drei Abbildungen dargestellt sind.

Abbildung 1.8: Kontrastmittelresiduen auf der Zunge, in den Valleculae, im Sinus pyriformis.

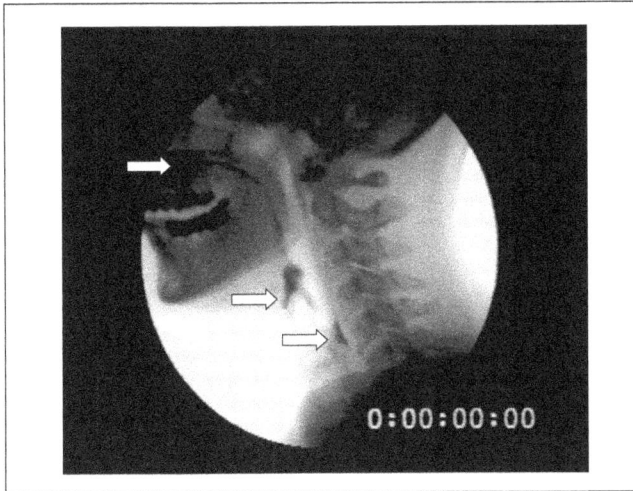

Abbildung 1.9: Laryngeale Penetration eines festen Bolus. Das Kontrastmittel hängt an der Epiglottisunterseite.

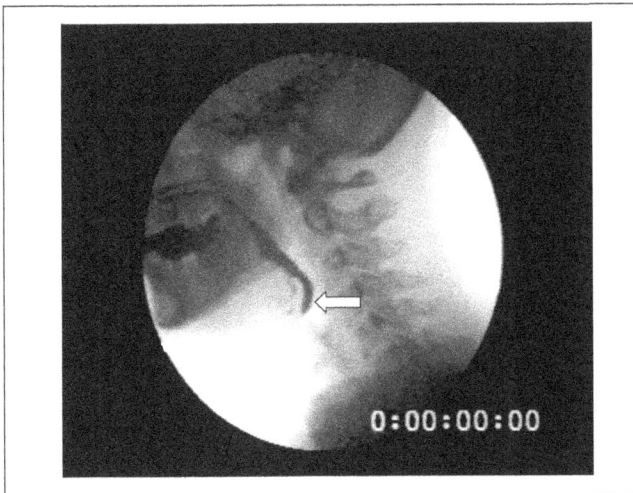

Abbildung 1.10: Aspiration, das Kontrastmittel dringt durch die geöffnete Glottis in die Luftröhre.

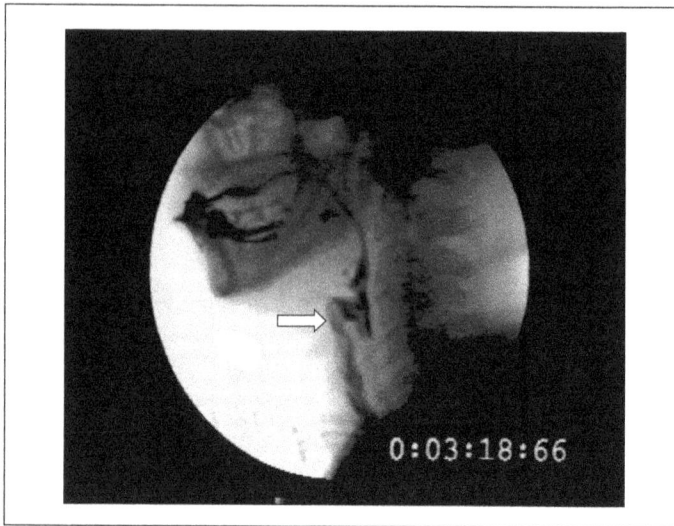

1.6.3 Video-Pharyngo-Laryngoskopie

Die Video-Pharyngo-Laryngoskopie des HNO-Arztes/Phoniaters gehört zusammen mit der klinischen Eingangsuntersuchung und der radiologischen Funktionsdiagnostik zu den standarddiagnostischen Verfahren. Für die Visualisierung der im Verborgenen liegenden pharyngealen und laryngealen Strukturen eignen sich zwei endoskopische Methoden:

1. die transorale Lupenendoskopie

2. die transnasale flexible Endoskopie

Die Untersuchung wird in der Regel simultan per Video aufgezeichnet. Allerdings kann mit der videoendoskopischen Methode der Schluckvorgang nicht vollständig erfasst werden. Das Verfahren ist deshalb derradiologischen Aufzeichnung unterlegen. Aus diesem Grund wurde in der vorliegenden Arbeit der Dysphagieschweregrad mittels radiologischer Analyse definiert. Als nichtinvasives Diagnoseinstrument eignet sich die endoskopische Untersuchung sowohl zur Ermittlung bestimmter Störungssymptome und Ursachen als auch für das regelmäßige Therapiemonitoring. Die radiologische und endoskopische Schluckuntersuchung sind deshalb nicht als alternative, sondern als komplementär einzusetzende Methoden anzuwenden.

Zur *transoralen Endoskopie* bei Schluckstörungen („TOES", Schröter-Morasch 1993, 1999) wird ein starres Lupenlaryngoskop mit einer 90° Winkeloptik durch den Mund bis hinter das Velum geschoben und Pharynx und Larynx inspiziert. Da während des Schluckvorganges das starre Laryngoskop aus dem Mundraum entfernt werden muss, erfolgt die Beurteilung vor und nach dem Schlucken. Zunächst wird der *Zustand in Ruhe* erfasst, Strukturveränderungen festgehalten und auf eventuelle Speichelresiduen oder Sekretüberlauf in den Kehlkopfeingang (Penetration) oder in die Luftröhre (Aspiration) geachtet. Anschließend folgt die *Funktionsprüfung*, hier wird vor allem die Stimmbandfunktion beim Atem anhalten, husten und während der Phonation geprüft. Nach dem Schluck Nahrung oder Flüssigkeit wird erneut endoskopiert und auf die Hautsymptome einer Schluckstörung, *Retentionen*, *Penetration* und *Aspiration* geachtet. (Schröter-Morasch et al. 1999).

Bei *der transnasalen flexiblen Endoskopie* (Flexible endoscopic evaluation of swallowing „FEES" Langmore 1988, 2001, Bastian 1991) wird ein flexibles Endoskop, meist nach leichter Lokalanästhesie über die Nase in den Rachenraum eingeführt. Das Endoskop verbleibt während der gesamten Untersuchung im Epipharynx. Mit dieser Methode kann der Schluckvorgang unmittelbar beobachtet werden. Allerdings wird in der pharyngealen Phase durch die Velumhebung die Optik gegen die Rachenhinterwand gedrückt und dadurch kurzzeitig die Sicht behindert. Nachteilig ist darüber hinaus die Beeinträchtigung des physiologischen Schluckens durch das Endoskop. Bei Patienten mit Tracheostoma kann das flexible Endoskop durch die Öffnung des Halses direkt in die Trachea eingeführt werden. Diese *transstomatale flexible Endoskopie* ermöglicht „mit Blick nach oben" die Prüfung der Stimmlippenunterseiten. Kommt es während des Schluckens zur Aspiration, kann der Durchtritt der geschluckten Substanz unmittelbar beobachtet werden (Gallenberger & Schröter-Morasch, 1999).

1.6.4 Ergänzende Verfahren

Die *Bronchoskopie*, das heißt die direkte Betrachtung des Bronchialsystems mit einemflexiblen Endoskop besitzt ebenfalls eine hohe klinische Relevanz. Mit dieser Methode können Art und Menge der Aspiration und die Aspirationsfolgen erfasst und gegebenenfalls durch Freisaugen oder mittels Fasszange entfernt werden. Darüber hinaus ist die Bronchoskopie ein unverzichtbares Instrumentarium in der Beurteilung von Trachealkanülenträgern. Sie bietet u. a. die Möglichkeit zur Kontrolle der Kanülenlage, zur Bewertung von kanülenbedingten Schädigungen der Trachealwand und zur Prüfung der Voraussetzungen für die Kanülenentfernung (Gallenberger & Schröter-Morasch 1999).

In letzter Zeit findet bei Sprachtherapeuten die *zervikale Auskultation* als Instrumentarium zur Diagnose einer Aspiration immer mehr Verbreitung. Hierzu wird ein Stethoskop am Hals in Kehlkopfhöhe angelegt. Zu hören sind der Respirationszyklus, die Öffnung der Tube und des oberen Speiseröhrensphinkters, sowie pathologische Geräuschveränderungen vor und nach dem Schlucken, zum Beispiel bedingt durch Sekretansammlungen oder Aspiration (Perlmann, Ettema & Barkmeier. 2000). Allerdings ist die Zuverlässigkeit dieser Methode umstritten (Cichero und Murdoch 1998). Darüber hinaus ist selbst bei positivem Befund mit diesem Verfahren eine Analyse der Störungsursache nicht möglich.

Die Messung des Blutsauerstoffgehaltes mittels *Pulsoximetrie* bietet für den behandelnden Therapeuten eine wertvolle Hilfe bei der schrittweisen Dekanülierung von Patienten mit Trachealkanülen. Sie sollte jedoch nicht als Instrumentarium zum Nachweis einer akuten Aspiration verwendet werden, da letztere nicht zwingend mit einer reduzierten O^2-Sättigung einhergehen muss (Collodny 2000).

Die *Manometrie* wird als Methode zur Aufzeichnung von Druckveränderungen standardmäßig für die Diagnose ösophagealer Funktionsstörungen verwendet und bei speziellen Fragestellungen auch zur Bewertung der pharyngealen Druckverhältnisse eingesetzt. Allerdings benötigt man für letztere Spezialsensoren, die auf schnelle Druckveränderungen reagieren (Feussner 1999). Die Kombination aus radiologischer Aufzeichnung und Manometrie, die *Videomanometrie* ermöglicht die genaue Lokalisation der Druckschwankungen.

Für die Grundlagenforschung oder die Klärung von Einzelfragestellungen finden gelegentlich die elektrophysiologische Diagnostik, die Sonographie, die Kernspintomographie oder die Szintigraphie ihre Anwendung.

1.7 Therapie neurogener Dysphagien

Für die Behandlung schluckgestörter Patienten bilden konservative Methoden die bevorzugten Therapieverfahren. Medikamentöse oder chirurgische Maßnahmen sind bei oropharyngealen Dysphagien nur in Einzelfällen indiziert. Da es sich beim Schlucken um einen Organbereich handelt, der zugleich für die Artikulation, die Stimmgebung und Atmung verantwortlich ist, kommt den sprachtherapeutischen Berufen die federführende Rolle in der Behandlung schluckgestörter Patienten zu (Bartolome et al. 2000). Im konservativ- therapeutischen Procedere spielt die orofaciale Willkürmotorik eine wichtige Rolle. Die Fragestellung der vorliegenden Arbeit berührt deshalb indirekt die Therapie und führt zu einer kritischen Auseinandersetzung mit den herkömmlichen Methoden.Diese lassen sich im Wesentlichen in störungsspezifische und holistische Vorgehensweisen unterteilen.

1.7.1 Störungsspezifische Verfahren: Funktionelle Dysphagietherapie (FDT)

Der störungsspezifische Therapieansatz basiert auf der Annahme, dass Beeinträchtigungen eines Funktionssystems auf allen Analyseebenen sorgfältig erfasst und entsprechend speziell behandelt werden sollen. Sind mehrere Systeme betroffen, tritt beispielsweise eine Schluckstörung gleichzeitig mit einer Dysarthrie auf, müssen jede Störung und deren Folgeerscheinungen spezifisch behandelt werden.

Die funktionelle Dysphagietherapie (FDT) versteht sich als störungsspezifische, *funktionsorientierte* Vorgehensweise (Bartolome 1999d). Sie unterscheidet sich damit von dem ausschließlich *konzeptorientierten* Vorgehen, das sich den Vorgaben einer bestimmten Therapieschule unterwirft. So weit wie möglich werden in der FDT Methoden angewendet, deren Wirksamkeit nachgewiesen oder zumindest nach pathophysiologischen Überlegungen wahrscheinlich ist. Dabei können verschiedene Therapierichtungen einfließen. Der Planungshintergrund für die Formulierung der Behandlungsziele und die Auswahl der geeigneten

Maßnahmen setzt sich aus folgenden Komponenten zusammen (siehe ICF-Modell Kapitel 1.1.2):

- Grunderkrankung des Patienten einschließlich möglicher neuro-psychologischer Störungen

  ➲ Gesundheitszustand
- Anatomisch-strukturelle Schädigungen, Schluckpathologie

  ➲ Körper-strukturen und Funktionen
- Funktionsbeeinträchtigung im Alltag

  ➲ Aktivitäten und Beteiligung
- Umgebungsfaktoren und persönliche Faktoren

  ➲ Kontextfaktoren

Abbildung 1.11: Funktionelle Dysphagietherapie (FDT): Planungshintergrund, Vorgehensweise, Therapiemethoden.

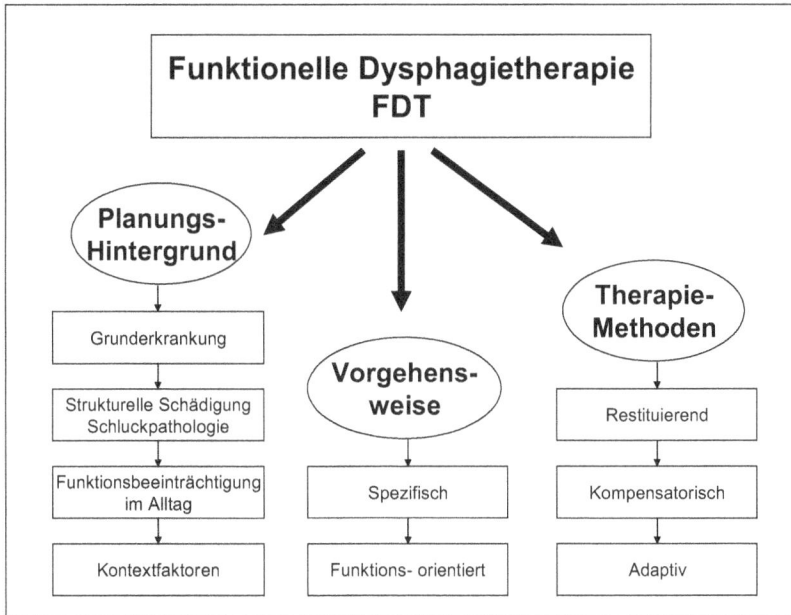

Nach eingehender Anamnese und sorgfältiger Diagnostik wird für jeden Individualfall der Therapieplan „maßgeschneidert" (Bartolome, 1999e, 1999f, 2003). Bartolome (1999d) fasst in Anlehnung an die Hauptprinzipien der Rehabilitation die verschiedenen Therapiemethoden in drei übergeordnete Kategorien zusammen: (1) restituierende Verfahren, (2) kompensatorische Strategien und (3) adaptive Maßnahmen. Andere Autoren unterscheiden zwischen direkten und indirekten Therapiemethoden (Logemann 1998, Murry & Carrau, 2001). Des Weiteren findet man die Einteilung in rehabilitative Übungen, kompensatorische Strategien und Biofeedbackverfahren (Huckabee & Pelletier 1998)oder eine Subsummierung der verschiedenen Strategien unter dem Oberbegriff „Behavioral Therapies" (Leonard & Kendall 1997, Crary & Groher 2003).

Die *restituierenden Verfahren* lassen sich als sensomotorisches Training am Schlucken beteiligter Muskeln charakterisieren. *Außerhalb* des Schluckvorgangs werden schluckverwandte Einzelbewegungen oder Bewegungssequenzen, falls nötig, zunächst stimuliert und sobald erste Bewegungsreaktionen möglich sind, mithilfe der Willkürmotorik trainiert. In Abhängigkeit von der individuellen Störungssymptomatik kann dies Übungen zur Verbesserung der faciooralen Motilität, der laryngealen, velopharyngealen oder/und respiratorischen Bewegungsabläufe beinhalten. Somit versucht man durch „schluckverwandte" Willkürbewegungen die Voraussetzungen für annähernd normales Schlucken zu schaffen. Darüber hinaus soll das Training bestimmter Teilfunktionen die Effizienz der kompensatorischen Schlucktechniken gewährleisten.

Als *kompensatorische Strategien* bezeichnet man willkürlich initiierte Verhaltensänderungen *während* des Schluckvorganges. Dazu zählen Veränderungen der Kopfposition und spezielle Schlucktechniken. Haltungsmodifikationen nutzen die Wirkung der Schwerkraft und bewirken eine Veränderung der räumlichen Verhältnisse. So wird beispielsweise bei einer Drehung des Kopfes zur paretischen Rachenseite diese verengt,so dass der Bolus ausschließlich über die gesunde Seite transportiert werden kann. Mit speziellen Schlucktechniken versucht man die reflektorische Bewegungsfolge durch die Willkürmotorik zu beeinflussen. Zu den Schlucktechniken zählen kräftiges Schlucken, repetitives Schlucken, das supraglottische und super-supraglottische Schlucken, die supraglottische Kipptechnik und die so genannte Mendelsohn-Technik. Ziel der kompensatorischen Strategien ist es, aspirationsfreies und effizientes Schlucken zu ermöglichen, selbst wenn die physiologische Bewegungsfolge nicht wiederherzustellen ist. Damit der willkürliche Eingriff in den Schluckprozess gelingt, sind insbesondere bei den Schlucktechniken vorbereitende Übungen der entsprechenden Bewegungselemente notwendig.

Bei den *adaptiven Maßnahmen* handelt es sich um externe Hilfen, die durch Anpassung an die Störung die Nahrungsaufnahme ermöglichen. Dazu gehören diätetische Maßnahmen, Ess- und Trinkhilfen, sowie gegebenenfalls die Versorgung mit prothetischen Hilfen. Die Zielsetzung beinhaltet auch hier das aspirationsfreie und effiziente Schlucken bei bestehender Schluckpathologie. Die Fähigkeit zur willkürlichen Kooperation ist hier nicht unbedingt erforderlich.

1.7.1.1 Restituierende Verfahren

Da die Übungen nicht direkt während des Schluckprozesses durchgeführt werden, bezeichnen, wie bereits erwähntmanche Autoren diese Maßnahmen als indirekte Therapie. Das Training „schluckverwandter" Bewegungen soll einen Transfer auf die Schluckfunktion bewirken, um diese zu verbessern beziehungsweise im Optimalfall zu normalisieren. Es werden unterschiedliche motorische Funktionssysteme einbezogen, die von Stimulus induzierten Reaktionen bis zu nichtsprachlichen,parasprachlichen (z.B. Silben) und gelegentlich auch sprachlichen Willkürbewegungen (Wortreihen) reichen (Bartolome 1999a).

Die *Wirkungsweise* der meisten restituierenden Verfahren lässt sich nicht sofort überprüfen, da längere Trainingsphasen notwendig sind, um einen Effekt zu erzielen. Dies erschwert die Effizienzkontrolle. Am Ende dieses Abschnittes sind in Tabelle 1.12 diejenigen restituierenden Übungen zitiert, deren Wirkungsweise auf die Schluckphysiologie bislang untersucht wurde.

Restituierende Verfahren beinhalten ein breites methodisches Spektrum. Die Vorgehensweisen für die Bewegungs*anbahnung* sind größtenteils der Physiotherapie entlehnt und wurden den Erfordernissen an die Schlucktherapie angepasst. Es werden in Abhängigkeit von der individuellen Störung *Elemente* der „Bobath-Therapie" (Bobath 1990, Bobath & Bobath 1998, Davies 1995), der propriozeptiven neuromuskulären Fazilitation (PNF) nach Kabath, Knott und Voss (Knott & Voss 1968, Sullivan, Markos & Monor 1985, Voss, Jonta & Meyers 1988, Hedin-Andén 1994, Reichel 2002) und Techniken der Stimulationsbehandlung nach Rood (Rood 1954, 1956, Stockmeyer 1967) eingesetzt. Das Motilitätstraining der Schluckmuskulatur wird durch zahlreiche sprachtherapeutische Übungsformen ergänzt (Bartolome 1993, Langley 1996).

Das Vorgehen lässt sich nach Bartolome (1999d) in 4 Stufen unterteilen:

1. Relaxierte Ausgangslage

2. Vorbereitende Stimulationen

3. Mobilisationstechniken

4. Autonome Bewegungsübungen

Relaxierte Ausgangslage

Die Bedeutung der relaxierten Ausgangslage wird vor allem in der Therapie nach Bobath hervorgehoben. Um optimale Voraussetzungen für die Behandlung zu schaffen achtet man auf eine Körperhaltung, die pathologische Tonusveränderungen und unerwünschte assoziierte Reaktionen verhindert. Für die Nahrungsaufnahme und die Mehrzahl der therapeutischen Übungen ist die Sitzhaltung anzustreben. Um den funktionellen Einklang aller beteiligten Muskeln zu gewährleisten achtet man auf die folgenden Komponenten: Das Becken ist leicht nach ventral gekippt, die Wirbelsäule gestreckt, der Kopf befindet sich in Mittellage, das Kinn zeigt leicht nach unten. Bei Bedarf lagern zur Unterstützung der Rumpfstabilität die Unterarme auf einem Tisch. Bettlägerige Patienten können, soweit es der Allgemeinzustand erlaubt, durch Verstellen der Liegefläche (Hochkippen des Kopfteils, Senken des Beinabschnittes) ebenfalls in Sitzposition gebracht werden. Eventuell sind dabei zusätzliche Lagerungshilfen, beispielsweise Nackenrolle, Knierolle etc. erforderlich. Ziel der relaxierten Ausgangslage ist es, die Basis für die freie Beweglichkeit am Schlucken beteiligter Muskeln zu schaffen.

Vorbereitende Stimuli

Bei schweren sensomotorischen Störungen und bei Patienten mit eingeschränkter Kooperationsfähigkeit werden zunächst stimulative Verfahren angewendet. Man unterscheidet zwischen oberflächlichen, so genannten exterozeptiven Reizen wie manuelle Berührungen, Pinseln, Eis- oder Wärmeanwendungen und solchen, die auf die Tiefensensibilität wirken, die so genannten propriozeptiven Reize. Dazu gehören Druck, Vibration und Dehnung. Art und Dauer des Reizes bewirken unterschiedliche Effekte. Langsames, gleichmäßigesAusstreichen reduziert den Muskeltonus,schnelles Beklopfen führt dagegen zu einer Tonuserhöhung. Um bei verzögerter oder fehlender Triggerung den reflektorischen Ablauf in Gang zu setzen, versucht man durch erhöhten sensorischen Input die Schluckreflexauslöseschwelle zu senken. Ziel der vorbereitenden Stimulationen ist die Motorikstimulanz durch Vordepolarisation der Motoneurone und Senken der Erregungsschwelle. Darüber hinaus werden durch den sensorischen Input Aufmerksamkeit und Wahrnehmung gefördert. Die Reizapplikation führt der Therapeut durch, der Patient bleibt zunächst passiv.

Abbildung 1.12: Manuelle Streichungen zur Tonusreduzierung der facialen Muskulatur(vorbereitende Stimulation).

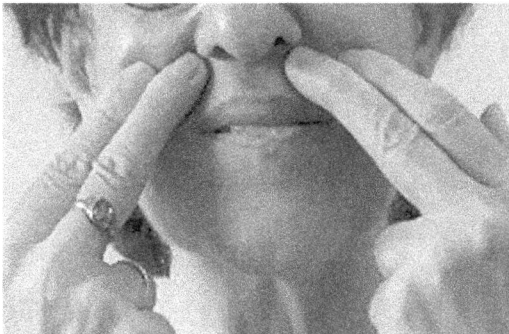

Mobilisationstechniken

Mithilfe von Mobilisationstechniken werden erste Bewegungen fazilitiert. Dies geschieht vor allem durch Widerstandsübungen. Bewegungen gegen Widerstand spielen in dem physiotherapeutischen PNF-Verfahren eine wichtige Rolle. Nachdem der Patientverbal aufgefordert wurde die Zielbewegung durchzuführen, setzt der Therapeut angepassten Widerstand in die Gegenrichtung.Zur ersten Aktivierung der Zungenspitzenhebung drückt man beispielsweise mit der Fingerkuppe leicht nach unten Richtung Mundboden, dabei wird der Patient aufgefordert die Zungenposition zu halten. Damit werden die Zungenspitzenheber ohne äußerlich sichtbaren Bewegungsausschlag stimuliert. Mit verbesserter Motilität kann der Widerstand auch während der Bewegung ausgeübt werden. So besteht die Möglichkeit eine Bewegung gegen Widerstand zu halten (statische Muskelarbeit) oder gegen Widerstand durchzuführen (dynamische Muskelarbeit). Beim so genannten Kopf- und Halsmuster nach PNF werden mehrere am Schlucken beteiligte Muskelgruppen gleichzeitig aktiviert und dabei statische und dynamische Muskelarbeit kombiniert (Bartolome 1999f). Ziel der Mobilisationstechniken ist die verbesserte Wahrnehmung durch das Feedback des Gegendruckes, die Erleichterung der Bewegungsinitiierung, eine Erhöhung der Muskelkraft, die Verbesserung von Geschwindigkeit und Koordination sowie die nachfolgende Entspannung.

Abbildung 1.13: Willkürlicher Lippenschluss gegen Widerstand (Mobilisationstechnik).

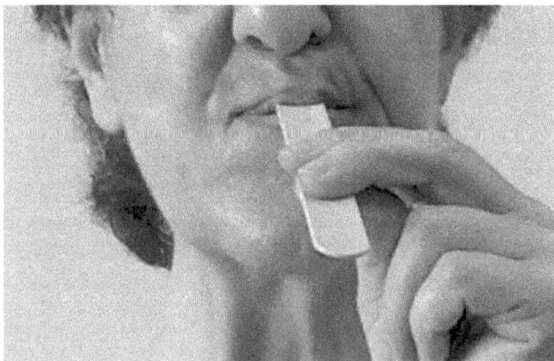

Autonome Bewegungsübungen

Sind die Fazilitierungstechniken nicht mehr notwendig, führt der Patient die gewünschten Zielbewegungen selbstständig durch. Neben rein motorischen Funktionsübungen (z.b. Zungenspitze heben) können auch pragmatische Handlungen (z.B. Honig von der Oberlippe ablecken) ausgeführt werden. Des Weiteren unterstützen Sprechübungen, beispielsweise mit Silben- und Wortreihen der 2. und 3. Artikulationszone die Zungenbeweglichkeit. Atem- und Stimmübungen trainieren die Kehlkopfmuskulatur (Bartolome 1999). Die selbstständigen Übungen können vielfach durch instrumentelle *Biofeedbackverfahren* unterstützt werden, zum Beispiel die computergestützte Aufzeichnung der Stimmparameter oder die Registrierung der Muskelkraftmittels Oberflächen-EMG. Zu erwähnen sind noch die so genannten *Stimulationsprothesen* zur Bewegungsanbahnung. Um die Lippen- oder/und Zungenbewegungen zu aktivieren werden an bestimmten Stellen Stimulationsknöpfe angebracht (Morales 1998, Haberfellner, Schwartz & Gisel 2001). Ziel der autonomen Bewegungsübungen ist die Verbesserung von Bewegungsausmaß, Geschwindigkeit und Koordination sowie das Automatisieren der Bewegungsabläufe. Schließlich soll das gezielte Üben „schluckrelevanter" Willkürbewegungen die Referenzbedingungen für die Normalisierung des Schluckvorgangs schaffen.

Abbildung 1.14: Willkürliche Lippenprotraktion (autonome Bewegungsübung).

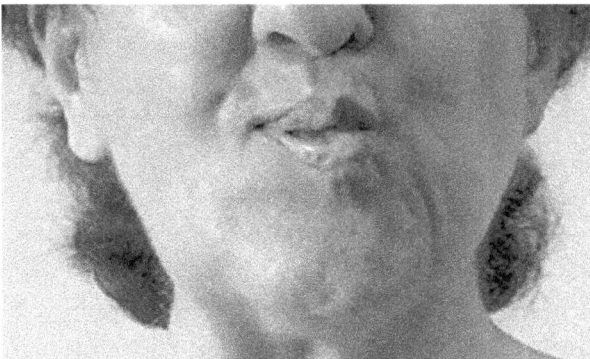

Tabelle 1.11: Restituierende Therapiemethoden.

Methode	Ziele	Beispiele
Vorbereitende Stimuli	➢ Motorikstimulanz ➢ Förderung der Wahrnehmung ➢ Erhöhung der Aufmerksamkeit	o Manuelle Berührungen o Pinseln o Thermische Reize o Vibration o Druck o Dehnung
Mobilisationstechniken	➢ Erleichterung der Bewegungsinitiierung durch erhöhtes Feedback ➢ Verbesserung von Bewegungsausmaß, Geschwindigkeit, Koordination und Muskelkraft ➢ Entspannung nach vorhergehender Kontraktion	o Widerstandsübungen gegen statisches Halten (z.B. Zunge gegen Spatel drücken) o Widerstandsübungen im Bewegungsverlauf (z.B. Zunge gegen Widerstand herausstrecken)
Autonome Bewegungsübungen	➢ Verbesserung von Bewegungsausmaß, Geschwindigkeit und Koordination ➢ Automatisierung der Bewegung ➢ Schaffen der Referenzbedingungen für die Restitution des Schluckens	o Motorische Funktionsübungen (z.B. Zungenspitzenhebung, Zungenschüsselbildung) o Pragmatische Übungen (z.B. Honig von der Oberlippe ablecken) o Sprechübungen (z.B. „ke, ke" für die Zungenrücken- und Kehlkopfhebung) o Biofeedbacktraining

Die folgende Tabelle gibt einen Überblick über restituierenden Verfahren, deren Wirkungsweise auf die Schluckphysiologie bislang untersucht wurde. Allerdings handelt es sich nicht durchwegs um kontrollierte Interventionsstudien.

Tabelle 1.12: Restituierende Übungen, deren Wirkungsweise auf die Schluckphysiologie untersucht wurde. Die Studien sind jeweils in der Spalte „Übung" zitiert.

Übung	Vorgehen	Effekt
Oralmotorische Übungen (Gisel et al. 1996)	Zungenlateralbewegungen, Lippenschluss, Kauübungen	Verbesserung bei festen Konsistenzen, jedoch nicht beim Trinken
Taktil-thermale Stimulation (Lazzara, Lazarus & Logemann 1986, Kaatzke-Mc-Donald, Post & Davis 1996, Rosenbek et al. 1996b)	Schluckreflexstimulation mittels Thermosonde (Bestreichen der vorderen Gaumenbogen mit einem eisgekühlten Larynxspiegel)	Unmittelbare Verbesserung der Schluckreflexauslösung, jedoch kein Langzeiteffekt

Thermale, gustatorische, mechanische und kombinierte Stimulation (Sciortino et al. 2003)	Thermale, gustatorische (Zitronensaft), mechanische und kombinierte Schluckreflexstimulation mittels Sonde (an den vorderen Gaumenbögen)	Kombinierte Stimulation am effektivsten, jedoch kein Langzeiteffekt
"Shaker-Manöver" (Shaker et al. 2002)	Isotonische und isometrische Kopf-Hebe-Übung (in Liegehaltung Kopf heben und senken 30x im Wechsel, sowie 3x Kopf heben, jeweils 1 Min. halten, senken, 1 Min. Pause)	Kräftigung der suprahyoidalen Muskulatur, dadurch Verbesserung der Öffnung des oberen Ösophagus-sphinkters
„Masako-Manöver" (Fujiu & Logemann 1996)	Zungen-Halte-Übung (Vorderzunge mit Zähnen festhalten und schlucken – ohne Nahrung)	Verbesserung der Zungenbasisretraktion und damit des linguo-pharyngealen Abschlusses
Lee-Silverman-Voice-Treatment (LSVT®) (Sharkawi et al. 2002)	Stimmübungsprogramm, ursprünglich entwickelt zur Stimmtherapie für Parkinsonpatienten	Verbesserung der Stimmparameter und verschiedener Schluckparameter
Biofeedbacktherapie mittels Oberflächen-Elektromyographie -sEMG (Crary 1995, Huckabee & Cannito 1999, Stanschus & Seidel 2002)	Elektrodenposition submental und subhyoidal zur Ableitung an der Kehlkopfhebung und Senkung beteiligter Muskeln	Erlernen der willkürlich prolongierten Kehlkopfhebung (für die Durchführung der Mendelsohn-Schlucktechnik)
Stimulationsprothese (Haberfellner, Schwartz & Gisel 2001)	Prothese mit maxillären, mandibulären und vestibulären Stimulationsknöpfen	Verbesserung der Kieferstabilität und des Kauens

1.7.1.2 Kompensatorische Strategien

Die kompensatorischen Strategien werden direkt während des Schluckvorganges durchgeführt. Manche Autoren verwenden deshalb die Bezeichnung direkte Therapie. Die *Wirkungsweise* dieser Techniken kann zumindest quasiexperimentell mithilfe der Videoendoskopie oder/und Videofluoroskopie in jedem Einzelfall unmittelbar überprüft werden. Dies sollte auch geschehen, da dieStrategien aufgrund der anatomischen Unterschiede und der vielfältigen Störungsmuster nicht bei jedem Patienten gleich wirken. Studien über den Effizienznachweis der einzelnen kompensatorischen Maßnahmen sind in den nachfolgenden tabellarischen Zusammenstellungen jeweils zitiert.

Haltungsänderungen

Die Haltungsmodifikationen regulieren unter Ausnutzung der Schwerkraft den Bolusweg (Rasley et al. 1993). Neigt man den Kopf leicht nach vorne (*Anteflexion*), kann der Bolus nicht unkontrolliert nach hinten in den Rachen gleiten. Zusätzlich kommt es durch diese Kopfposition in der Mehrzahl der Fälle zu einer Erweiterung der Valleculae, zu einer verbesserten Annäherung der Zungenbasis an die Rachenhinterwand und zu einer stärkeren Epiglottisneigung. Neben Störungen der oralen Boluskontrolle wird die Anteflexion auch bei verspäteter Schluckreflextriggerung (Auffangen des Bolus in den Valleculae), unzureichendem Epiglottisschluss oder verminderter Zungenbasisretraktion angewendet.Bei gravierenden Störungen des oralen Bolustransportes wird der Kopf schnell nach oben gestreckt (*Extension*) und der Bolus auf diese Weise in den Rachen gekippt. Damit es nicht zur Aspiration kommt, ist eine regelrechte Schluckreflexauslösung erforderlich. Wird bei einer einseitigen Parese der Rachenmuskeln der Kopf zur paretischen Seite gedreht (*Rotation*), verschließt dies den Raum über dem Sinus piriformis. Der Bolus kann nun über die gesunde Rachenseite fließen. Darüber hinaus können Kopfdrehungen zur gesunden *oder* zur kranken Seite einen unvollständigen Glottisschluss kompensieren, indem entweder die kranke Stimmlippe gespannt wird oder die gesunde Stimmlippe durch Dehnung über die Mittellinie hinaus verlagert wird. Neigt man den Kopf zu einer Seite (*Lateralflexion*) wird die Nahrung bereits im Mundraum einseitig transportiert und fließt dann weiter in die entsprechende Pharynxhälfte. Die Lateralflexion zur gesunden Seite ist deshalb für Patienten mit einer kombinierten Hemiparese der Zunge und des Rachens indiziert. In seltenen Fällen kann die *Liegeposition* hilfreich sein. Im Hypopharynx verbliebene Nahrungsreste können in Rücken- oder Seitenlage zunächst nicht in den Kehlkopfeingang überfließen. Die Liegehaltung eignet sich als vorübergehende Maßnahme nur für Patienten, die in der Lage sind durch nachfolgende Leerschlucke den Rachen vollständig zu reinigen.

Tabelle 1.13: Haltungsänderungen. Die Studien zum Wirkungsnachweis auf die Schluckpathologie sind jeweils in der Spalte „Haltung" zitiert.

Haltung	Ziel / Effekt	Indikation
Anteflexion des Kopfes (Welch et al. 1993)	➢ Ausnutzen der Schwerkraft ➢ Erweiterung der Valleculae, Verengung des Larynxeingangs ➢ Annäherung der Zungenbasis an die Rachenhinterwand	o Gestörte orale Boluskontrolle; o Verzögerte Reflexauslösung; o Eingeschränkte Zungen-basisretraktion
(Lewin et al. 2001) (Shanahan et al. 1993, Ertekin et al. 2001)	➢ Verbesserung bei 80% ➢ Verbesserung bei 50%:	
Kopfextension (Logemann et al. 1989) (Castell et al. 1993)	➢ Ausnutzen der Schwerkraft ➢ Allerdings zu beachten: erhöhter Residualtonus des OÖS und verkürzte Relaxationszeit	o Gestörte linguale Bolusretropulsion, Zungenteilresektion
Kopfrotation zur kranken Seite (Logemann et al. 1989, Tsukamoto 2000)	➢ Ausnutzen der Schwerkraft, Bolustransport über die gesunde Seite ➢ Verbesserung des Stimmbandschlusses ➢ Reduzierung des OÖS-Tonus	o Pharyngeale Hemiparese o Unilaterale Stimmbandparese o Laryngeale Teilresektionen o Öffnungsstörungen des OÖS
Komb. Mit Anteflexion	Einengung des Larynx-eingangs	
Lateralflexion des Kopfes zur gesunden Seite (Logemann et al. 1989, Rasley et al. 1993, Shanahan et al. 1993)	➢ Ausnutzen der Schwerkraft, Nahrungstransport über die gesunde Seite	o Komb. Unilaterale linguale und pharyngeale Parese, o Unilaterale Teilresektionen
Liegeposition (Drake et al. 1997)	➢ Ausnutzen der Schwerkraft, Überlauf in die Luftwege verhindern	o Bilateral eingeschränkte pharyngeale Kontraktion, o Pharyngeale Teilresektionen

Schlucktechniken

Bleiben im Mund- oder Rachenraum Bolusreste liegen, versucht man diese zunächst mit *Reinigungstechniken* (Bartolome 2003) zu beseitigen. Mehrmaliges leeres Nachschlucken oder Nachtrinken kann oftmals einen unzureichenden

Transport kompensieren. Zähe pharyngeale Residuen werden vor dem Nachschlucken durch Hochräuspern gelöst (throat-clearing). Kommt es zur laryngealen Penetration oder Aspiration, müssen die Luftwege durch sofortiges Husten
gereinigt werden. *Kräftiges Schlucken* verbessert die Zungenbasisretraktion und
damit die Schluckeffizienz der pharyngealen Phase (Pouderoux & Kahrilas
1995). Als Zeichen einer reduzierten Rückwärtsbewegung der Zungenbasis finden sich meist Retentionen in den Valleculae und in manchen Fällenauch in den
Sinus pyriformes. Letztere sind durch die verminderte Zungenschubkraft und
daraus resultierende Öffnungsstörungen des Speiseröhreneinganges verursacht.
In vielen Fällen ist zur Bildung des vollständigen Zungen-Rachenabschlusses
eine zusätzliche Anteflexion des Kopfes sinnvoll. Bei prä- oder intradeglutitiver
Aspiration empfiehlt sich häufig das so genannte *supraglottische Schlucken*, das
erstmals von Larsen (1974) erwähnt wurde. Der Patient atmet durch die Nase
ein, hält während des Schluckens bewusst den Atem an und verschließt dadurch
die Glottis. Unmittelbar nach dem Schlucken wird ohne Zwischenatmung abgehustet. Dies befördert eventuell in den Kehlkopfeingang penetrierte Bolusteil-
chen wieder hinaus. Anschließend wird nochmals leer nachgeschluckt. Das *Su-
persupraglottische* Schlucken unterscheidet sich von der supraglottischen Technik lediglich durch kräftigeres Atem anhalten (leichtes Pressen). Dies führt zu
verstärkter Kontraktion der intrinsischen laryngealen Muskulatur (Epiglottiskippung und Taschenfaltenschluss durch stärkeres Kippen der Aryknorpel) und
damit zum Verschluss in Höhe des Kehlkopfeinganges. Bei schweren Beeinträchtigungen des oralen Bolustransportes wird die *supraglottische Kipptechnik*
angewendet. Man nimmt einen Schluck Flüssigkeit in den Mund, kippt diesen in
den Rachen und entleert durch wiederholtes Nachschlucken. Während dieser
Prozedur bleibt der Atem angehalten, nach dem letzten Schluck wird abgehustet
(Logemann 1993). Das Anfüllen des Pharynx mit Flüssigkeit und Entleeren
durch wiederholte Schlucke kennzeichnet beispielsweise das „Ex- trinken" einer
Flüssigkeit aus einem Gefäß beim Gesunden. Die so genannte *Mendelsohn-
Technik* eignet sich für Patienten mit hypopharyngealen Residuen oder
postdeglutitiver Aspiration aufgrund von Sphinkteröffnungsstörungen, einge-
schränkter Kehlkopfhebung oder/und reduzierter Zungenschubkraft. Der Patient

schluckt und hält denKehlkopf 2s lang oben, indem der Zungenrücken gegen das Gaumendach drückt. Die Technik bewirkt eine Erhöhung der Zungenschubkraft, eine zeitlich verlängerte Kehlkopfhebung und damit gleichzeitig ein prolongiertes Aufziehen des oberen Ösophagussphinkters. Die Bezeichnung der Technik ist auf Untersuchungen unter der Federführung von Mendelsohn zurückzuführen (McConnel, Cerenko & Mendelsohn 1989).

Abbildung 1.15: Mendelsohn-Technik.

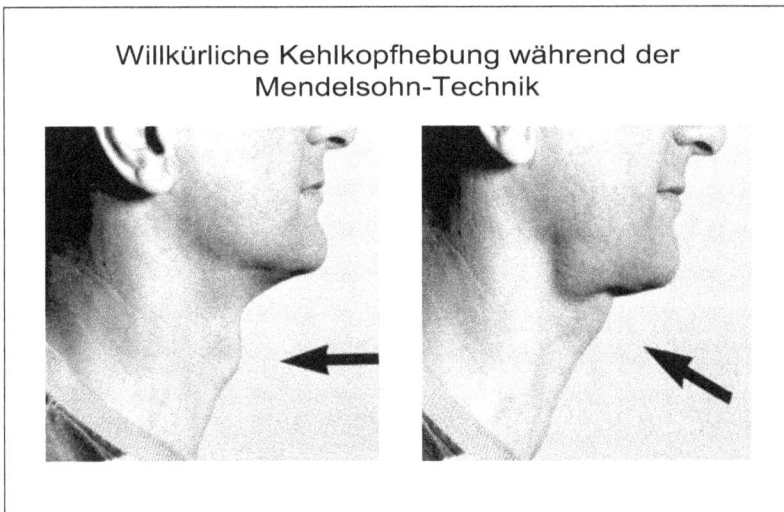

Willkürliche Kehlkopfhebung während der Mendelsohn-Technik

Bei komplexen Störungsmustern müssen häufig verschiedene kompensatorische Strategien miteinander kombiniert werden. Insbesondere die Schlucktechniken erfordern ein hohes Maß an Kooperationsfähigkeit und in der Regel auch vorbereitende oralmotorische Übungen. In Abhängigkeit vom Zielmanöver sind beispielsweise nicht sprachliche beziehungsweise parasprachliche Übungen zur Zungenrückenhebung, Zungenbasisretraktion, zur laryngealen Adduktion oder zur Kehlkopfhebung notwendig. Nicht zuletzt stellt jede Kompensationstechnik einen Eingriff der Willkürmotorik in das schluckreflektorische Geschehen dar.

Tabelle 1.14: Schlucktechniken. Die Studien zum Wirkungsnachweis auf die Schluckpathologie sind jeweils in der Spalte „Schlucktechnik" zitiert.

Schlucktechnik	Ziel	Indikation	Durchführung
Reinigungstechniken	Reinigung des Mundraumes	Orale Residuen	Nachschlucken/Nachtrinken
	Reinigung des Hypopharynx	Hypopharyngeale Residuen	Nachschlucken/Nachtrinken gegebenenfalls Rachen reinigen
	Reinigung des Aditus laryngis und der Trachea	Laryng. Penetration, Aspiration	Husten
Kräftiges Schlucken (Pouderoux & Kahrilas 1995)	Erhöhung der Zungenbasisretraktionskraft, Verbesserung des pharyngealen Bolustransportes	Eing. Zungenbasisretraktion, Hypopharyngeale Residuen	Möglichst hart schlucken
Nach: (Bülow, Olsson & Ekberg 2001, 2002)	- keine Erhöhung des Intrabolusdruckes - keine Verbesserung des pharyngealen Bolustransportes		
Supraglottisches Schlucken (Martin et al. 1993)	Schutz der Luftwege durch Stimmbandschluß	Verzögerte Reflexauslösung, Unvollständiger laryngealer Verschluss	Atem anhalten, schlucken, abhusten
Supersupraglottisches Schlucken (Ohmae et al. 1996)	Schutz der Luftwege durch Verschluss des Kehlkopfeingangs (Epiglottisneigung, Taschenfaltenschluß)	Verzögerte Reflexauslösung, Eing. Verschluss des Kehlkopfeingangs	Forciert Atem anhalten, schlucken, abhusten
Supraglottische Kipptechnik	Füllen des Pharynx mit Flüssigkeit, dabei Ausschalten der oralen Phase	Schwere Störung des oralen Bolustransportes	Atem anhalten, Kopf heben, großes Bolusvolumen Flüssigkeit in den Rachen kippen, mehrmals schlucken, abhusten
Mendelsohn- Technik (McConnel, Cerenko & Mendelsohn 1989, Logemann & Kahrilas 1990, Kahrilas et al. 1991)	Verlängerung der Öffnungsdauer des OÖS, sowie der Dauer der Kehlkopfhebung	Verminderte Schubkraft der Zunge, Eing. Kehlkopfhebung, Eing. OÖS-Öffnung	Schlucken, dabei bleibt die Zunge mind. 2 Sekunden gegen den Gaumen gepresst, loslassen

1.7.1.3 Adaptive Maßnahmen

Die Adaptation an die Störung geschieht mittels externer Hilfen. Hier wird zwischen Maßnahmen unterschieden die entweder einen effektiven und sicheren Nahrungstransport oder/und das selbständige Essen und Trinken ermöglichen sollen.

Diätetische Maßnahmen

Die angepasste Diätetik gehört zur erst genannten Zielsetzung. Für eine geeignete Dysphagiediät sind folgende Kriterien entscheidend:

• Anpassen der Bolusgröße

• Fließ- und Formbarkeit der Nahrung

• Erhöhung des sensorischen Inputs durch Geschmacks- und Temperaturreize

• Beeinflussung der Sekretbildung durch die Zusammensetzung der Nahrung

• Berücksichtigung pulmotoxischer Eigenschaften.

Die *Wirkungsweise* der diätetischen Maßnahmen kann mit Ausnahme der beiden letzt genannten Kriterien ebenfalls mithilfe der Videoendoskopie oder/und Videofluoroskopie in jedem Einzelfall unmittelbar überprüft werden. Da selbst bei gleicher oder ähnlicher Störungssysmptomatik interindividuelle Unterschiede in der Wirksamkeit der gewählten Schluckdiät zu beobachten sind, ist meist ergänzend zur klinischen Beobachtung eine instrumentelle Kontrolle notwendig. Bisherige Studien über den Wirkungsnachweis der diätetischen Maßnahmen sind in der nachfolgenden tabellarischen Auflistung zitiert.

Die passende Bolusgroße spielt für die sichere und effiziente Nahrungsaufnahme eine wichtige Rolle. Nach einer Untersuchung von Daniels (2000a) an Patienten mit ND, muss in der Mehrzahl der Fälle ein kleines Bolusvolumen angeboten werden. Die Fließ- und Formbarkeit der Nahrung beeinflusst entscheidend die Transporteigenschaften. Dünnflüssige Konsistenzen lassen sich schwer kontrollieren und eignen sich meist nicht für Patienten mit gestörter oraler Boluskontrolle, verspäteter Reflexauslösung oder/und unvollständigem laryngealen Verschluss (Kuhlemeier, Palmer & Rosenberg 2001). In diesen Fällen sind breiige Nahrung und angedickte Flüssigkeiten die bevorzugte Konsistenz. Andererseits kann eine gute Fließfähigkeit, beispielsweise bei pharyngealer Parese den Bolustransport erleichtern oder im Falle einer Penetration/Aspiration leichter abgehustet werden. Bei Problemen mit der Schluckreflexauslösung versucht man durch Geschmacksreize oder/und extreme Temperaturen den sensorischen Input zu erhöhen und damit die Reflexauslöseschwelle zu senken (Logemann et al. 1995). Für den Bolustransport stellt die Sekretbildung einen weiteren Einflussfaktor dar. Salzige, säurehaltige Speisen regen die Entstehung von dünnflüssigem Speichel an und können bei verminderter Speichelproduktion die Gleitfähigkeit der Boluspassage verbessern. Milchprodukte und süße Speisen führen häufig zur Bildung von zähem Schleim, der schwer zu transportieren ist. Bei Aspirationsgefahr wählt man Substanzen die leicht abgehustet werden können und die pulmonalen Alveolargänge nicht schädigen (z.B. durch hohen Säure- oder Fettgehalt). Die geeignete Dysphagiediät muss nach sorgfältiger Diagnostik der Pathologie des einzelnen Patienten angepasst werden.

Tabelle 1.15: Diätetische Maßnahmen. Studien zur Wirkungsweise sind in der Spalte „Diätetische Anpassung" zitiert.

Diätetische Anpassung	Indikation
Anpassen der Bolusgröße (Daniels 2000a) (Bisch et al. 1994)	➤ Allgemein bei ND meist Verkleinern des Bolusvolumens notwendig ➤ Zur Verbesserung der Reflextriggerung größeres Bolusvolumen
Breiige Nahrung, angedickte Flüssigkeiten (Bisch et al. 1994, Kuhlemeier, Palmer & Rosenberg 2001)	➤ Bei gestörter oraler Boluskontrolle, ➤ Bei unvollständigem laryngealem Verschluss ➤ Bei verzögerter Reflextriggerung
Flüssig, oder alternierend flüssig und breiig/fest	➤ Bei eingeschränkter pharyngealer Kontraktion
Flüssig	➤ Bei isolierten Störungen der OÖS-Öffnung
Geschmacks- und Temperaturreize (Logemann et al. 1995, Rosenbek et al. 1996b, Sciortino 2003)	➤ Bei verzögerter Reflextriggerung
Salzige, säurehaltige Speisen	➤ Bei gestörtem Bolustransport durch zähes Sekret
Vermeidung pulmotoxischer Substanzen	➤ Bei Aspiration

Ess- und Trinkhilfen

Entsprechende Ess- und Trinkhilfen können entweder die Nahrungsaufnahme oder/undden Nahrungstransport erleichtern. Rutschfeste Unterlagen, Teller mit erhöhtem Rand, Bestecke mit verstärkten Griffen usw. ermöglichen bei Störungen der Arm-Handfunktionen das selbständige Essen. Schiebelöffel, mit deren Hilfe die Nahrung direkt auf der Hinterzunge platziert wird, spezielle Saugflaschen oder mit einem Schlauchstück verlängerte Spritzen helfen den oralen Nahrungstransport zu umgehen. Einfache Maßnahmen, wie beispielsweise das Ausschneiden einer Nasenkerbe aus einem Plastikbecher oder die Verwendung von Trinkgefäßen mit ausreichender Öffnungsweite verhindern die Kopfextension beim Trinken und beugen damit dem vorzeitigen Entgleiten der Nahrung in den Rachen vor.

Prothetische Hilfen

Prothetische Hilfen erleichtern vor allem den Nahrungstransport. Patienten mit Substanzdefekten der Zunge oder schweren Paresen können beispielsweise die Nahrung nicht am Gaumendach entlang nach hinten schieben. In diesen Fällen haben sich so genannten *Obturatorprothesen* bewährt. Hier wird durch Herabsetzung des Gaumenniveaus der lingual-palatale Kontakt ermöglicht. Die *Gaumensegelprothese* gilt als effizientes Hilfsmittel in der Behandlung dysarthrischer Patienten (Vogel 1998), sie wird zur Verhinderung einer nasalen Penetration bei Schluckstörungen nur in Einzelfällen angewendet.

Therapieoutcome und Therapiedauer der FDT

Der Einfluss der verschiedenen Interventionsmaßnahmen auf die Schluckphysiologie belegt zwar deren Wirkungsweise bezüglich der pathologischen Mechanismen. Aus der Sicht des Betroffenen ist jedoch die Funktionsbeeinträchtigung im Alltag der entscheidende Maßstab für den Behandlungserfolg. Es geht primär darum ob Essen und Trinken wieder uneingeschränkt möglich sein wird oder weiterhin eine künstliche Ernährung mittels Sonde zugeführt werden muss. Müssen aufgrund einer massiven Speichelaspiration die Luftwege durch eine Trachealkanüle geschützt werden, kommt als weiteres alltagsrelevantes Ziel die Dekanülierung hinzu. Ob und in welchem Maße der Therapierfolg letztendlich das subjektive Wohlbefinden das subjektive Wohlbefinden steigert, ist von weiteren Kontextfaktoren abhängig, die individuell sehr verschieden sein können. Dies erschwert die Operationalisierung der Outcomeskalen. Bislang wurden zur Bewertung des Behandlungserfolges einige Studien durchgeführt, die entsprechend des Primärziels den Therapieerfolg anhand der Ernährungsweise messen (siehe Tabelle 1.16).

Leider können in der Praxis die höchsten wissenschaftlichen Kriterien an die Evaluationsforschung im Sinne randomisierter, doppelblinder Kontrollstudien aus ethischen und diversen anderen Gründen nur selten erfüllt werden. Meist handelt es sich deshalb um quasiexperimentelle Untersuchungspläne. Letzteres trifft auch auf die in Tabelle 1.16 zitierten Kohortenstudien zu. Dennoch lassen die durchwegs erfolgreichen Ergebnisse den positiven Effekt der FDT vermuten.

Tabelle 1.16: Therapieoutcome und Therapiedauer der FDT

	Stichprobe	Mittlere Therapie-dauer	Therapieoutcome
Horner et al. 1991	ND nach Hirnstamm-Schlaganfall (subakute/ chronische Phase) N=23	Keine Angabe	80% erreichten volle orale Ernährung
Neumann et al. 1995	ND mit unterschiedl. Ätiologie (subakute/ chronische Phase) N=58	15 Wochen	67% erreichten volle orale Ernährung
Bartolome & Neumann 1993	ND mit OÖS-Öffnungsstörungen (subakute/ chronische Phase) N=28	16 Wochen	90% erreichten eine Höherstufung der Ernährungsskala: (1) Sonde (2) partiell oral (3) voll oral
Bartolome, Prosiegel & Yassouridis 1997	ND mit unterschiedl. Ätiologie (subakute/ chronische Phase) N=63	10 Wochen	70% erreichten eine Höherstufung der Ernährungsskala: (1) Sonde (2) partiell oral (3) voll oral mit Kompensation (4) voll oral

	(Langzeitoutcome) N=63		Nach Therapie (m=83 Wochen): 43% weitere Höherstufung, insbesondere von (3) nach (4), keine Verschlechterung
Prosiegel et al. 2002	ND mit unterschiedl. Ätiologie (subakute/ chronische Phase) N=208	9 Wochen	55% erreichten volle orale Ernährung

Zusammenfassend lässt sich feststellen, dass es sich bei der FDT um eine spezifische Dysphagietherapie handelt, die sowohl die oralen, als auch die pharyngeale Schluckphase einbezieht. Im Mittelpunkt steht die möglichst rasche Verbesserung der Schluckfunktion. Bevorzugt werden Verfahren angewendet, deren Wirksamkeit nachgewiesen, oder zumindest unter Berücksichtigung der individuellen pathophysiologischen Gegebenheiten wahrscheinlich ist. „Schluckrelevante" Willkürbewegungen stellen dabei ein unverzichtbares Element der restituierenden (indirekten) und kompensatorischen (direkten) Therapieverfahren dar.

1.7.2 Holistische Verfahren: Facio-orale Therapien (FOTT, ORT)

Holistische Verfahren basieren auf der Annahme, dass neurogene Beeinträchtigungen immer als Teil einer ganzkörperlichen Problematik zu sehen sind. Dahinter steckt die Vorstellung eines elementaren sensomotorischen Systems. Eine neurogene Schluckstörung kann demnach nie isoliert auftreten und auch nicht partiell behandelt werden. Entsprechend global gestaltet sich die therapeutische Zielsetzung. Die so genannten „*Facio-oralen Therapien*"verstehen sich als ganzheitlicher Therapieansatz, der gleichzeitig verschiedene facio-orale Funktionen in die Behandlung integriert. Dabei bildet die Fähigkeit zu Schlucken ein wesentliches Element. Die Methoden haben deshalb zur Behandlung der ND eine gewisse Verbreitung erfahren.

1.7.2.1 Therapie des facio-oralen Traktes (FOTT)

Die so genannte F.O.T.T. (Face and Oral Tract Therapy) nach K. Coombes (1996) basiert auf dem ursprünglich physiotherapeutischen Bobath-Konzept (Bobath 1990, Bobath & Bobath 1998) und bezieht Methoden zur taktil-kinästhetischen Wahrnehmung nach Affolter et al. (1987) mit ein. Das F.O.T.T.-Konzept versteht sich als ganzheitlicher Therapieansatz, der die folgenden Funktionsbereiche umfasst (Nusser-Müller-Busch 2001):

- Nahrungsaufnahme

- Mundhygiene

- Nonverbale Kommunikation

- Sprechen

Über den *Wirkungsnachweis* der FOTT gibt es mit Ausnahme einiger deskriptiver Darstellungen (Welter & Meyer-Königsbuscher 1998, Gratz & Woite 1999) keine wissenschaftlichen Belege (Literaturrecherche bis 8/2003).

Primäres Behandlungsziel ist die Wiederherstellung der physiologischen Bewegungsfolge unter Berücksichtigung des Gesamtzusammenhanges. Diese Vorgabe bestimmt die Auswahl der speziellen Techniken.Kompensatorische Maßnahmen werden abgelehnt, da Umwegstrategien der Vorstellung eines normalen Schluckvorgangs widersprechen. Im Sinne des Bobath-Konzeptes versucht man dem Patienten angemessene Haltungs- und Bewegungserfahrungen zu ermöglichen und pathologische Muster zu inhibieren. Im Vordergrund steht deshalb die Arbeit an der ganzkörperlichen Tonusregulierung und am Haltungshintergrund, einschließlich Nackenmobilisation und Kieferkontrolle. Erst wenn die Grundvoraussetzungen für die freie Beweglichkeit des orofazialen Systems geschaffen sind, erfolgt das Anbahnen der oben genannten Funktionsbereiche durch überwiegend taktil-propriozeptive Reize. Gemäß der Anschauung Affolters, dass man nur bewegen kann, wenn man spürt (Affolter 1996, Affolter & Bischofsberger 2001), hat die Vermittlung von Spürinformationen eine herausragende

Bedeutung. Dementsprechend wird auch das passive „Führen" der Organe mit-einbezogen. Insgesamt wird mehr taktil/propriozeptiv als verbal stimuliert.

Die wichtigsten Therapieinhalte sind (Welter & Meyer-Königsbuscher 1998, Nusser-Müller-Busch 2001):

• Erarbeitung einer optimierten Körperhaltung, Kopf-, Kieferkontrolle als Basismaßnahme

• Vermittlung von Spürinformationen im Gesichts- Mundbereich und an der Atmungsmuskulatur als Interaktion mit sich selbst und der Umwelt

• Abbau pathologischer oraler Reflexe (z.B. Beißreflex)

• Bahnung selektiver Gesichts-, Kiefer-, Zungen- und Gaumenbewegungen

• Fazilitation der Kau-, Trink- und Schluckbewegungen

• Therapeutisches Zähneputzen

• Anbahnen des normalen Atemmusters, Verlängerung der Ausatmungs-phasen zur Anbahnung von Phonation und Sprechen

Zum besseren Verständnis werden im Folgenden die „schluckrelevanten" Übun-gen kurz beschrieben. Auf dem Hintergrund möglichst normaler Tonusverhält-nisse erfolgt das Anbahnen selektiver oralmotorischer Bewegungen zunächst durch Berühren der betreffenden Regionen, dann werden die Zielbewegungen durch den Therapeuten geführt, gehalten und unterstützt. Das Vorgehen beruht auf der Vorstellung, dass eine Bewegung erspürt werden muss, bevor sie aktiv ausgeführt werden kann. Die Fazilitation derKau-, Trink- und Schluckbewegun-gen geschieht primär im Rahmen des therapeutischen Essens und Trinkens. Der Stellenwert der präoralen Phase wird besonders hervorgehoben. So soll der Blickkontakt zur Nahrung, das Riechen oder in der Hand spüren sowohl das Si-tuationsverständnis als auch die Speichelsekretion und die Schluckmotivation fördern. Zur vorbereitenden Aktivierung der Schluckmuskulatur wird das asym-metrische Beißen mittels Kausäckchen (in feuchte Mullkompresse eingehüllte Apfelstücke etc.) angebahnt. Erste Schluckversuche beginnen mit der geeigneten Nahrungskonsistenz. Gegebenenfalls werden die Zungenbewegungen der oralen

Transportphase und die Kehlkopfhebung durch einen taktilen Reiz am Mundboden stimuliert. Zusätzlich können bei BedarfHilfsmittel, die eine physiologische Ess- und Trinkhaltung unterstützen (z.b. Becher mit Nasenkerbe) eingesetzt werden. Hauptziel des therapeutischen Essens und Trinkens ist das Vermeiden pathologischer Muster und nicht die möglichst rasche und schädigungsarme orale Nahrungsaufnahme unter Einsatz von kompensatorischen Maßnahmen.

Zusammenfassend lässt sich die F.O.T.T. als holistisches Konzept charakterisieren, das unterschiedliche Funktionsbereiche und entsprechend globale Zielsetzungen umfasst. Bezüglich des Schluckens stehen die präorale und orale Phase im Vordergrund. Die pharyngeale Schluckphase wird nicht speziell berücksichtigt. Die Bahnung selektiver oralmotorischer Bewegungen gehört gleichfalls zum Behandlungskonzept. Im Vordergrund steht jedoch nicht die Willkürmotorik sondern die Integration der selektiven Bewegungen in alltagsrelevante Vorgänge. Ob für das Erreichen des physiologischen Schluckens eine primär stimulative Vorgehensweise und das Erspüren geführter Bewegungen genügt, ist umstritten.

1.7.2.2 Orofaciale Regulationstherapie (ORT)

Die „Orofaciale Regulationstherapie" (ORT) nach Castillo Morales wurde ursprünglich für Kinder mit sensomotorischen Störungen im Bereich des Gesichtes, Mundes und Rachens, insbesondere für die Behandlung von Saug-, Kau-, Schluck- und Sprechstörungen entwickelt (Morales 1998). Das Konzept der ORT wird neuerdings auch bei Erwachsenen mit zerebralen Bewegungsstörungen, unter anderem bei neurogenen Schluckstörungen angewendet.

Über die *Wirksamkeit* der ORT in Kombination mit der Gaumenplatte werden für das Kindesalter Erfolge beschrieben (Limbrock, Hesse & Hoyer 1987). Ob dies auch speziell für die ND im Kindes- oder/und Erwachsenenalter gilt ist fraglich beziehungsweise bislang nicht explizit untersucht.

Der Therapieansatz integriert Elemente der „Entwicklungsneurologischen Behandlung" nach Bobath (Bobath 1990, Bobath & Bobath 1998) und der Propriozeptiven Neuromuskulären Facilitation (PNF) nach Kabath (Knott & Voss 1968). Ziel der ORT ist es, normale oder annähernd normale Bewegungsmuster

anzubahnen. Auch Castillo Morales betont die Bedeutung der angepassten to-
nusregulierenden Ausgangsstellung, sowie der Kopf- und Kieferkontrolle als
Voraussetzung für die orofaziale Behandlung. Zur Vorbereitung werden verschiedene manuelle Stimuli, hauptsächlich Berührung, Druck, Streichen, Zug
und Vibration an verschiedenen Muskelgruppen angewendet. Besonders berücksichtigt wird dabei die mimische Muskulatur. Die eigentliche Basisübung, die je
nach Zielsetzung variiert wird, besteht im Wesentlichen aus Kopf-Halsmustern.
Dabei wird der Kopf in Flexions-, Extensions-, Lateral- und Rotationsmuster
bewegt und am Ende des Bewegungsweges verbal zum Schlucken aufgefor-
dert.Auch hier kommen die oben genannten Stimuli zum Einsatz. Therapieziele
der Basisübungen sind vor allem die Aktivierung der Lippen-, Wangen-, Kiefermuskulatur, sowie der oberen und unteren Zungenbeinmuskeln. Neben diesen
extraoralen Übungen wird auch intraoral zur Fazilitierung der intrinsischen
Zungenmuskulatur stimuliert. Gegebenenfalls kann das Behandlungsprogramm
durch die Versorgung mit individuell angepassten Gaumenplatten zur Förderung
der Lippen-, Kiefer- oder/und Zungenbeweglichkeit ergänzt werden. Je nach
Übungsziel wird bei kooperativen Patienten in Zusammenhang mit der stimula-
tiven Aktivierung auch verbal zu oralmotorischen Willkürbewegungen aufgefordert.

Zusammenfassend handelt es sich bei der ORT um ein holistisches Konzept das
unterschiedliche oro-faziale Funktionsbereiche integriert. Leider werden auch
hier bezüglich der Schluckpathologie lediglich die oralen Schluckphasen gezielt
berücksichtigt. Auch in der ORT spielt unter anderem die Aktivierung selektiver
oralmotorischer (Willkür-) Bewegungen eine Rolle.

2 Empirischer Teil

2.1 Ausgangspunkt

Die vorhergehenden Kapitel haben gezeigt, dass es sich bei der Frage des Zusammenhangs zwischen neurogener Dysphagie und Beeinträchtigungen nichtsprachlicher, parasprachlicher und sprechmotorischer Willkürbewegungen um eine Problemstellung handelt, die unmittelbar das praktisch diagnostische Vorgehen betrifft, indirekt die Theorien der sensomotorischen Organisation berührt und letztlich auch therapeutische Entscheidungen beeinflusst.Da zu dieser Thematik bislang nur spärliche Daten existieren, gilt es zunächst die Frage zu klären, ob neurogene Dysphagien mit Störungen der oralen Willkürmotorik einhergehen und ob diese im Ausprägungsgrad übereinstimmen.

2.1.1 Stand der Forschung

Die folgenden Abschnitte geben einen Überblick über bisherige klinische Studien, aus denen Informationen über parallel oder isoliert auftretende Störungen des Schluckens und der oralen Willkürmotorik zu entnehmen sind. An dieser Stelle sei daran erinnert, dassempirisch bestätigte Korrelationen, unabhängig von ihrer Stärke, nicht als Kausalbeziehungen interpretiert werden können (Bortz 1999). Dagegen weist einedoppelte Dissoziation zwischen Dysphagie und oralmotorischen Willkürbewegungen, selbst wenn es sich um Einzelfälle handelt, auf die Unabhängigkeit der beiden Systeme hin.

Schlucken versus nichtsprachliche/parasprachliche Willkürbewegungen

Zweifellos treten nach klinischer Beobachtung Schluckstörungen häufig gemeinsam mit Beeinträchtigungen oralmotorischer Willkürbewegungen auf. Sie können jedoch auch dissoziieren. Aus folgenden Studien lassen sich zumindest indirekt Aussagen zur Frage des Zusammenhangs zwischen Schlucken und nichtsprachlichen/parasprachlichen Willkürbewegungen ableiten.

Eine epidemiologische Studie von Umpathi et al. (2000) dokumentiert die unterschiedlichen Auftretenshäufigkeiten der beiden Funktionssysteme.Hier wurden bei einem Drittel von insgesamt 300 Patienten nach unilateralem ischämischem Infarktgestörte willkürliche Zungenbewegungen (Abweichung zu einer Seite) nachgewiesen. Lediglich 43% dieser Subgruppe litten gleichzeitig unter einer Schluckstörung. Somit hatte annähernd die Hälfte der Patienten mit gestörten selektiven Zungenbewegungen keine Dysphagie.

Einzelfälle mit isolierten Dysphagien finden sich in der Literatur zur Frage des Schluckkortex. Meadows (1973) berichtet über Patienten, die nach einseitigen kortikalen Affektionen als einzige neurologische Symptomatik eine Schluck-störung zeigten. Es fanden sich weder auffällige Paresen am Schlucken be-teiligter Muskeln, noch orofaciale Apraxien oder Dysarthrien. Affiziert war der untere primär motorische Kortex und die hintere Region des Gyrus frontalis in-ferior, dabei zeigte sich keine bevorzugte Lateralität. Wie Celifarco et al. (1990) in einer Einzelfallstudie nachwiesen, können auch aus bilateralen frontalen kor-tikalen Affektionen isolierte Schluckstörungen resultieren. Stickler et al. (2003) beschreiben in einer jüngst veröffentlichten Studie einen Fall, der nach bilatera-ler Läsion der Inselregion dysphagische und dysarthrische Symptome zeigte, dessen oralmotorische Willkürbewegungen bis auf eine leichte Krafteinschrän-kung jedoch normal waren. Andererseits kann es bei beidseitigen kortikalen Lä-sionen an bestimmten Stellen zu schweren, kombinierten Funktionsbeeinträchti-gungen kommen. So gehören zum Erscheinungsbild des so genannten Foix-Chavany-Marie-Syndroms, das durch eine beidseitige Affektion des frontoparie-talen Operculums charakterisiert ist, neben der schweren Dysphagie und Anar-thrie auch Beeinträchtigungen der oralmotorischen Willkürbewegungen (Mao et al. 1989). Chee, Tan & Tjia (1990) beschreiben Fälle nach bilateralem Infarkt der Capsula interna, also einem Bereich, in dem sich die Projektionsbahnen zu-sammendrängen, mit schwersten Schluck- und Sprechstörungen sowie gleichzei-tig dem Verlust der Willkürbewegungen der Zungen-, Gesichts- und laryn-gopharyngealen Muskeln.

Im Rahmen der kortikalen Läsionen ist noch die so genannte Schluckapraxie zu erwähnen, deren Existenz allerdings kontrovers diskutiert wird (Daniels 2000b).Nach einer Untersuchung von Daniels, Brailey & Foundas (1999) gingen als apraktisch eingestufte Bewegungen der oralen Schluckphase nicht überzufällig mit einer buccofacialen Apraxie, also mit Störungen der nichtsprachlichen Willkürmotorik einher. Selbst bei gemeinsamem Auftreten von so genannter Schluckapraxie und buccofacialer Apraxie zeigten sich Unterschiede im Schweregrad und Remissionsverlauf.

Bei Hirnstammläsionen kommt es wegen der dicht aneinander liegendenBahn- und Kernstrukturen häufig zu Schluckstörungen in Kombination mit Hirnnervenausfällen und deren Auswirkungen auf die orale Willkürmotorik. Bei diskreten Hirnstammläsionen kann es jedoch durchaus zu isolierten, bisweilen sogar ausgeprägtenDysphagien kommen (Buchholz 1993). Umgekehrt beobachtet man Fälle mit Tumoren von Hirnnerven, die trotz schwer beeinträchtigter Willkürbewegungen der denervierten Muskeln nur unter einer leichten oder vorübergehenden Dysphagie leiden (Prosiegel 2002).

Weitere indirekte Hinweise zur Frage des Zusammenhangs zwischen Dysphagie und nichtsprachlichen/parasprachlichen Willkürbewegungen sind Arbeiten über die klinischen Prädiktoren der Aspiration zu entnehmen. Hier wurden die klinischen Merkmale, unter anderem auch die orale Willkürmotorik, mit der radiologisch nachgewiesenen Aspiration verglichen. Nach einer Untersuchung von Logemann, Veis & Colangelo (1999) an 200 klinisch und videofluoroskopisch untersuchten Patienten mit unterschiedlicher Ätiologie, zählten die Items zu den oralmotorischen Willkürbewegungen nicht zu den Prädiktoren der Dysphagie. Mann & Hankey (2001) erfassten bei 161 Schlaganfallpatienten bezüglich der oralmotorischen Willkürbewegungen dagegen die gestörte willkürliche Velumhebung als Prädiktor der Aspiration. Linden, Kuhlemeier & Patterson (1993) fanden bei 249 Patienten einen signifikanten Zusammmenhang zwischen Stimmparametern und Aspiration. In einer Studie von Horner & Massey (1988) wird sogar beschrieben, dass 91% der Schlaganfallpatienten mit Aspiration unter gestörter Stimmqualität litten. Hier wurden allerdings motorische Auffälligkeiten und die gurgelnde Stimmqualität in einem Merkmal zusammengefasst. Dies erklärt den hohen prozentualen Anteil der Stimmstörungen.

Schlucken versus Sprechen

Die Frage des Zusammenhangs zwischen Schluck- und Sprechstörung wurde mehrfach untersucht, allerdings differieren die Ergebnisse. Im Folgenden werden weitere epidemiologische Studien und Einzelfallbeispiele aufgeführt, aus denen indirekte Informationen über das gemeinsame und isolierte Vorkommen dieser beiden Funktionssysteme abzuleiten sind.

Untersuchungen an größeren Stichproben mit verschiedenen neurologischen Erkrankungen zeigen, dass Schluck- und Sprechstörungen sowohl gemeinsam als auch isoliert auftreten können. Als Beleg für die positive Korrelation zwischen Schluck- und Kommunikationsstörungen wird häufig die Studie von Martin & Corlew (1990) zitiert. Von 115 Probanden mit überwiegend neurogener Grunderkrankung zeigten 81% eine Dysphagie und 87% Kommunikationsstörungen. Allerdings wurden unter Kommunikationsstörungen Dysarthrien, Aphasien, Stimmstörungen und kognitive Beeinträchtigungen subsummiert. Zudem fällt hier in der Einzelfallbetrachtung die relativ hohe Anzahl an Dissoziationen auf. 12 Patienten hatten eine isolierte Schluckstörung und 15 Patienten eine isolierte Kommunikationsstörung. Einige epidemiologische Studien geben Hinweise über die unterschiedlichen Auftretenshäufigkeiten von Sprech- und Schluckstörungen bei bestimmten neurologischen Erkrankungen. In der oben genannten Studie von Umpathi et al. (2000) über die Folgen des akuten unilateralen ischämischen Infarkts lagen in der Subgruppe mit gestörter Zungenmotorik die Dysarthrien mit 90% deutlich vor den Dysphagien mit 43%. Hartelius & Svenson (1994) dokumentierten bei einer Population von 230 Parkinsonpatienten 41% Dysphagien und 70% Sprech- und Stimmstörungen, bei 203 an Multipler Sklerose erkrankten Patienten wurden 33%Kau- und Schluckstörungen und 44% Dysarthrien beobachtet. Yorkston et al. (1989) untersuchten bei 151 Schädelhirntraumata-Patienten die Auftretenshäufigkeiten und die Schweregradausprägungen der Sprech- und Schluckstörungen im Remissionsverlauf. Im Akutstadium lagen die Dysphagien mit 78% vor denSprechstörungen mit insgesamt 65%. Zu Beginn war der Schluckvorgang deutlich gravierender beeinträchtigt als das Sprechen. In der poststationären Phase überwogen dagegen die Sprechstörungen, wobei sich die Schweregradausprägungen beider Funktionssysteme dann kaum mehr

unterschieden. Nach einer Untersuchung von Daniels & Foundas (1999) scheinen in der Akutphase nach Schlaganfall ebenfalls dieDysphagien mit 78% zu
dominieren. Kennedy, Pring & Fawcus (1993) beschrieben bei parallel auftretenden Schluck- und Sprechstörungen nach Schlaganfall (subakute Phase) und
beim Parkinson-Syndrom unterschiedliche Schweregradausprägungen der beiden Funktionssysteme. In Arbeiten über den Zusammenhang zwischen Dysphagie und Sprechstörung bei Patienten mit Substanzverlusten oraler und oropha-
ryngealer Strukturen nach chirurgischer Tumorentfernung bestätigen Logemann
(1985), Logemann et al. (1993) und Pauloski et al. (1993, 1994) bei ebenfalls
kombiniert auftretenden Schluck- und Sprechstörungen den unterschiedlichen
Ausprägungsgrad und Remissionsverlauf.

In zahlreichen Fallbeispielen finden sich weitere Hinweise für dissoziierte Störungen. Kim (1994) berichtet von 13 dysarthrischen Schlaganfallpatienten mit
unilateralen Läsionen des motorischen Gesichtskortex, der Corona radiata, der
Capsula interna oder der Pons; nur drei Patienten hatten gleichzeitig eine leichte
Schluckstörung. Nach Kleinhirninfarkten wurden ebenfalls isolierte Dysarthrien
beobachtet (Amarenco & Hauw 1990, Amarenco et al. 1991). Weitere Einzelfallbeispiele zur Dissoziation der Systeme nach einseitigen beziehungsweise
zweiseitigen kortikalen Läsionen dokumentieren die oben zitierten Studien von
Meadows (1973) und Celifarco et al. (1990) sowie die Arbeit von Daniels, Brailey & Foundas (1999) zur „Schluckapraxie". Bei Letzterer gab es keine Korrelation zwischen apraktischenZungenbewegungen der oralen Schluckphase und
Sprechapraxie.

An speziellen Schaltstellen oder bei schweren Beeinträchtigungen kann es dagegen, wie im vorherigenAbschnitt beschrieben, zu assoziierten Störungen aller
oralmotorischen Funktionssysteme kommen. Besson et al. (1991) dokumentieren bei allen Patienten ihrer Stichprobe mit schwerer Suprabulbärparalyse gravierende Störungen sowohl des Sprechens als auch des Schluckens. Allerdings
müssen, wie die Untersuchung von Horner et al. (1991) an 15 Patienten mit Affektionen des Hirnstamms und schwerer Dysphagie zeigt, nicht immer bei Patienten mit schwerer Schluckstörung gleichzeitig Dysathrien auftreten. Vuilleumier, Bogousslavsky & Regli (1995) berichten bei 28 Patienten mit Affektionen

des unteren Hirnstamms sowohl über isolierte Dysphagien, isolierte Dysarthrien als auch über kombinierte Störungen.

Zusammenfassend lässt sich feststellen, dass die verschiedenen Funktionsbereiche sowohl isoliert als auch gleichzeitig betroffen sein können. Vermutlich kommen bei neurologischen Erkrankungen Störungen nichtsprachlicher/parasprachlicher Willkürfunktionen häufiger vor als Schluckstörungen. Studien, die die Chronizität berücksichtigen, belegen im Vergleich von Sprechen und Schlucken die Dominanz der Dysphagien im Akutstadium und das Überwiegen der Sprechstörungen in der subakuten Phase. Bei assoziierten Beeinträchtigungen des Sprechens und Schluckens zeigen sich überzufällige Unterschiede im Ausprägungsgrad und im Remissionsverlauf. Selbst bei schweren Beeinträchtigungen einer Funktion sind nicht immer assoziierte Störungen der übrigen oralmotorischen Systeme zu erwarten.

Einschränkend ist zu berücksichtigen, dass insbesondere die Daten der epidemiologischen Studien häufig auf klinischen Angaben beruhen, das heißt die Dysphagie nicht immer radiologisch nachgewiesen wurde. Exaktere Untersuchungsmethoden würden die Anzahl der schluckgestörten Patienten möglicherweise erhöhen.

2.1.2 Fragestellung

Um bessere Evaluierungs- und Interventionsmethoden für die Rehabilitation der ND zu entwickeln, ist es notwendig, die Frage des Zusammenhangs zwischen Schluckstörung und Deeinträchtigungen oralmotorischer Willkürbewegungen systematisch zu untersuchen. Im Rahmen dieser Arbeit erfolgte eine prospektive Datenerhebung an 42 Schlaganfallpatienten. Es wurden folgende Hauptfragestellungen untersucht:

(1) Einfluss der Läsion (Seite, Ort) auf den Dysphagieschweregrad

(2) Zusammenhang zwischen gestörten nichtsprachlichen/parasprachlichen Willkürfunktionen und Dysphagieschweregrad (Lippen-, Zungen-, Kieferbewegungen, Velumhebung, Stimmfunktion)

➤ Subtest: Gurgelnde Stimmsymptomatik und Dysphagieschweregrad

(3) Einfluss gestörter Sprechfunktionen (Dysarthrie/ Sprechapraxie) auf den Dysphagieschweregrad

Falls kein statistisch nachweisbarer Zusammenhang zwischen Dysphagie und gestörten nichtsprachlichen/parasprachlichen und sprechmotorischen Willkürfunktionen vorliegt, muss die Validität „schluckrelevanter" Willkürbewegungen als Diagnosekriterium der Schluckstörung in Frage gestellt werden. Darüber hinaus sind für die Diskussion um die Theorien der oralmotorischen Kontrollprozesse Einzelfälle, die eine Dissoziierung aufzeigen, relevant. Finden sich Anhaltspunkte für die Theorie der spezialisierten oralmotorischen Steuerung, ist eine kritische Neueinschätzung des therapeutischen Procedere erforderlich. Dies betrifft zum einen holistische Therapiekonzepte, die eine ND als ganzkörperliche Störung ansehen, zum anderen muss selbst innerhalb der spezifischen Behandlungsverfahren der Nutzen von schluckrelevanten Willkürbewegungen hinterfragt werden.

2.2 Methode

2.2.1 Patientenstichprobe

In die prospektive Studie wurden diejenigen Schlaganfallpatienten miteinbezogen, die in einem Vierjahreszeitraum in der Rehabilitationsabteilung eines
Akutkrankenhauses aufgrund eines Verdachtes auf Dysphagie eine klinische und
eine videofluoroskopische Schluckuntersuchung erhielten. Insgesamt handelte
es sich um Fälle der subakuten bis chronischen Phase. Es wurde die Gruppe der
Schlaganfallpatienten ausgewählt, da bei dieser Erkrankung die häufigsten
Dysphagien vorkommen, die Affektionen vielfältige Läsionsorte betreffen kön-
nen, nach der Akutphase kaum Sekundärphänomene (wie z.b. Hirndruck bei
Tumoren, diffuse Marklagerschädigungen bei SHT) auftreten und die Läsion mit
CT oder/und Kernspintomographie lokalisatorisch gut zuzuordnen ist.

Es galten folgende Ausschlusskriterien:

- Multiple Läsionen mit Affektionen auf verschiedenen Etagen des Nervensystems

- Wiederholte Schlaganfälle, mit Ausnahme so genannter „stummer" Erst-
ereignisse, d.h. ohne residuale Symptomatik

- Sonstige neurologische Erkrankungen oder/und strukturelle Defizite des
oropharyngealen Traktes

- Prämorbide Schluck-, Sprech und Stimmstörungen

- Unzureichende Kooperationsfähigkeit

- Schwere Störungen der Kopf-Rumpf-Kontrolle (Mindestanforderung:
zentrierte Rumpf- und Kopfhaltung in Sitzhaltung, gegebenenfalls mit
passiver Unterstützung)

Bei allen Patienten wurde die Diagnose Schlaganfall durch Computertomogra-
phie oder/und Kernspintomographie nachgewiesen. Die Studienpopulation um-
fasste 42 Schlaganfallpatienten, davon 30 Männer und 12 Frauen, mit einem
mittleren Alter von 66 Jahren (Variationsbreite 38-82 Jahre). Es überwogen die

Hirnstammläsionen (N=23), gefolgt von den Großhirnläsionen (N=18), lediglich ein Fall hatte eine Affektion des Kleinhirns. Bezüglich der Läsionsseite ergab sich folgende Verteilung: 20 rechtsseitig, 16 linksseitig und 6 beidseitig.bei den Großhirnläsionen handelte es sich ausschließlich um unilaterale Läsionen. Die beidseitigen Großhirnaffektionen der Gesamtgruppe des genannten Zeitraums betrafen rezidivierende Schlaganfälle oder multiple Läsionen und fielen somit unter die Ausschlusskriterien. Insgesamt hatten nur 6 Patienten isolierte Auffälligkeiten der oralen Schluckphase, die nach der vorliegenden Schweregradeinteilung nicht als pathologisch einzustufen waren. 8 Probanden hatten rein pharyngeale Beeinträchtigungen und 23 orale und pharyngeale gemischt, 29 Patienten litten unter Störungen der Schluckreflexauslösung.

2.2.2 Erhebung der unabhängigen Variablen

Die Erhebung der klinischen Daten zur Dysphagie erfolgte anhand des standardisierten Untersuchungsbogens *„Klinische Eingangsuntersuchung zur Erfassung von Schluckstörungen"* nach Schröter-Morasch und Bartolome (1999). Die Reliabilität der klinischen Dysphagieuntersuchung vergleichbarer Befundbögen und insbesondere derjenigen Items, die diese Studie betreffen, ist durch mehrere Arbeiten belegt (Reilly et al. 1995, Gisel, Alphonce & Ramsey 2000, Mann, Hankey & Cameron 2000,McCulloch et al. 2000, Wallace, Middleton & Cook 2000). Die Befunderhebung wurde pro Patient von jeweils einem, insgesamt jedoch von verschiedenen Sprachtherapeuten durchgeführt. Alle beteiligten Therapeuten wurden in der Anwendung des Untersuchungsbogens nach Schröter-Morasch und Bartolome (1999) speziell instruiert und supervidiert.

Bei jedem Probanden erfolgte die klinische Dysphagiediagnostik zum Zeitpunkt der stationären Aufnahme beziehungsweise Verlegung in die Rehabilitationsabteilung. Das Anamnesegespräch diente gleichzeitig der orientierenden Einschätzung der Sprechfähigkeit. Dabei wurden die wichtigsten in der Konversation beobachtbaren Störungsmerkmale bezüglich Verständlichkeit, Phonation und Prosodie berücksichtigt. Bei auffälligem Befund erfolgte in jedem Fall in einem gesonderten Untersuchungsgang die differentialdiagnostische Beurteilung der Dysarthrie beziehungsweise Sprechapraxie.

Die Aufgaben zur oralen Willkürmotorik sollte der Patient entweder nach verbaler Aufforderung beziehungsweise bei Verständnisproblemen imitatorisch durchführen. Bei den Lippen-, Kiefer- und Zungenbewegungen handelte es sich um rein motorische, nichtsprachliche Bewegungsaufgaben. Die Beurteilungskriterien bezogen sich auf die Bewegungsamplitude, Zielgenauigkeit, Wiederholbarkeit, Geschwindigkeit, eventuelle Apraxiezeichen und die Kraft.Letztere wurde durch Bewegungen gegen manuellen Widerstand überprüft. Es handelte sich also um visuell-inspektive und zum Teil taktil-propriozeptive Bewertungsmodi. Die Velumhebung und die Stimmparameter wurden mittels isolierter Vokalphonation, also parasprachlich geprüft, da die velaren und laryngealen Muskeln nicht direkt motorisch angesteuert werden können. Die Bewertung der willkürlichen Velumhebung erfolgte visuell-inspektiv und die klinische Einschätzung der Stimmparameter auditiv. Für die Stimmqualität waren die für neurogene Stimmveränderungen charakteristischen Merkmale „behaucht, rau, gepresst und zitternd" maßgebend. Die „gurgelnde" Stimmqualität als Symptom einer Penetration oder Aspiration wurde im Rahmen der direkten Schluckprüfung berücksichtigt. Dieses Merkmal wird hier gesondert untersucht, da es keine Störung der laryngealen Willkürmotorik repräsentiert. Die Prüfung des Tonhöhenumfanges erfolgte durch Gleitton- und Tonleitersingen. Tonhöhenumfänge kleiner/gleich eine Oktave wurden als eingeschränkt bewertet. Zur Beurteilung des Lautstärkeumfanges sollten die Patienten so laut und so leise wie möglich „hallo" rufen beziehungsweise flüstern.Werte $\leq$ 50 dB galten als pathologisch. In der Mehrzahl der Fälle, insbesondere bei Unsicherheiten In der auditiven Bewertung, wurden die Stimmleistungsparameter mit dem computergestützten Sprechanalysesystem „Visipitch" aufgezeichnet und analysiert.

In Tabelle 2.1 sind diejenigenklinischen Items aufgelistet, die als unabhängige Variablen in die vorliegende Untersuchung eingegangen sind.

Tabelle 2.1: Unabhängige Variablen

Nichtsprachliche Willkürfunktionen	Lippen
	  o Lippenschluss
	  o Lippenprotraktion
	  o Lippenretraktion
	  o Lippenkraft
	Kiefer
	  o Kieferöffnung
	  o Kieferschluss
	  o Kieferlateralisation
	  o Kieferrotation
	  o Kieferkraft
	Zunge
	  o Zungenprotraktion
	  o Zungenspitzenhebung
	  o Zungenrückenhebung
	  o Zungenlateralisation
	  o Zungenrotation
	  o Zungenkraft

Parasprachliche Willkürfunktionen	Velum
	  o Hebung bei Phonation
	Stimme
	  o Stimmqualität (rau, behaucht, gepresst, zitternd)
	  o Tonhöhe
	  o Lautstärke
	Exkurs
	  ➤ Gurgelnde Stimmqualität

Sprechmotorische Funktionen	Dysarthrie, Sprechapraxie

2.2.3 Erhebung der abhängigen Variablen

Die Schweregradeinschätzung der Schluckstörung erfolgte mithilfe der *Videofluoroskopie*. Wie bereits beschrieben besteht das Instrumentarium aus einem normalen Durchleuchtungsplatz, einem Videosystem und einem Zeilenkonverter für die Anpassung der Bilder an die Fernsehnorm. Das System ermöglicht eine Aufzeichnung von 25 Bildern pro Sekunde, dies gewährleistet eine differenzierte Beurteilung des gesamten Schluckvorganges.

Die mittlere Zeitdifferenz zwischen klinischer Erstdiagnostik und Videofluoroskopie betrug 11 Tage. Der zeitliche Unterschied ergab sich aus klinisch praktischen Gründen, da viele Patienten spezielle kompensatorische Techniken, deren Effizienz röntgenologisch kontrolliert wurde, zunächst erlernen mussten. Im Untersuchungsverlauf wurden die von Logemann (1993, 1998) beschriebenen standardisierten Vorgaben eingehalten und verschiedene Bolusgrößen und Boluskonsistenzen dargeboten. Als Kontrastmittel wurde zur Vermeidung eventueller Aspirationsfolgen das dünnflüssige, wasserlösliche, nichtionische Iotrolan (Isovist®-300) verwendet. Zur Prüfung der breiigen Konsistenzen wurdeGötterspeise mit Kontrastmittel angereichert.

Die abhängige Variable sollte möglichst genau und umfassend die Schluckstörung repräsentieren. Als Maßeinheit zur Bestimmung des Schweregrades wurde deshalb die"Penetration-Aspiration Scale" von Rosenbek et al. (1996a) verwendet, deren Reliabilität und Validität nachgewiesen wurde (Rosenbek et al. 1996a, Robbins et al. 1999). Die Scores repräsentieren eine sukzessive Steigerung des Beeinträchtigungsgrades. Score 1 und Score 2 sind als normal einzustufen. Die Scores 3-8 umfassen die pathologische Symptomatik. Dabei bezeichnen Score 3-4 eine leichte, Score 5-6 eine mittelgradige und Score 7-8 eine schwere bis schwerste Dysphagie. Die Bewertungskriterien beziehen sich auf die pathologischen Hauptsymptome: 1. Penetration, 2. Aspiration und 3. Residuen beziehungsweise deren Beseitigung. In der vorliegenden Untersuchung wurde der Dysphagieschweregrad mit jeweils 3-4 Schluckversuchen pro Proband bestimmt (1ml, 3ml, 5ml flüssig und 3ml breiig). Bei starker Aspirationsneigung entfiel der Probeschluck mit 5ml Bolusvolumen. Zwei in der videofluoroskopischen Analyse erfahrene Personen (ein Radiologe, eine Sprachtherapeutin) werteten die Aufzeichnungen Bild für Bild gemeinsam aus. Die Ergebnisse wurden zu einem späteren Zeitpunkt von einer dieser Personen nochmals überprüft.

Tabelle 2.2: *Penetration-Aspiration Scale* nach Rosenbek et al. (1996a).

Score 1	keine laryngeale Penetration, keine Aspiration
Score 2	laryngeale Penetration oberhalb der Stimmlippen mit vollständiger Reinigung, keine Aspiration
Score 3	laryngeale Penetration oberhalb der Stimmlippen, keine Reinigung
Score 4	laryngeale Penetration bis zu den Stimmlippen mit vollständiger Reinigung
Score 5	laryngeale Penetration bis zu den Stimmlippen, keine Reinigung
Score 6	Aspiration mit Reinigung der Trachea, (Husten in Aditus laryngis oder außerhalb)
Score 7	Aspiration, keine Reinigung der Trachea bei zu schwachem Hustenstoß
Score 8	Aspiration, kein Husten

2.2.4 Statistische Analysen

Alle Berechnungen wurden mithilfe der Software „SPSS" durchgeführt. Die Variablenmatrix ist im Anhang wiedergegeben. Die abhängige Variable bildete der intervallskalierte Dysphagiescore (siehe Tabelle 2.2). Die Berechnung des Einflusses von Läsionsort und Läsionsseite auf den Ausprägungsgrad der Schluckstörung erfolgte mithilfe der univariaten Varianzanalyse. Dieses Verfahren wurde auch für die Validierung des Ausschlusskriteriums „gestörte Kopf-Rumpfkontrolle" verwendet. Zur Erfassung des Zusammenhangs zwischen Schluckscore und gestörten oropharyngealen Willkürbewegungen wurden die Variablen Lippen, Kiefer, Zunge, Velum und Stimme als mögliche Prädiktorvariablen einer Regressionsanalyse unterzogen. Die Summierung der einzelnen Merkmalsausprägungen der betreffenden Variablen ermöglichte eine Schweregradabstufung. Zusätzlich zur Betrachtung kombinierter Merkmalszusammenhänge wurden Extremgruppenvergleiche spezieller Merkmale mit dem t-Test isoliert untersucht. Die Auswirkungen von Sprechstörungen auf die Dysphagie wurden ebenfalls mit dem t-Test erfasst.

Die Ergebnisse sämtlicher Mittelwertvergleiche (t-Tests) wurden bei unterschiedlichen Stichprobengrößen (Überprüfung der Stichprobenvarianzen durch den Levene-Test) durch den „Mann-Whitney-U-Test" abgesichert.

2.3 Ergebnisse und Interpretation

2.3.1 Dysphagiescore und Läsion

Die Auswirkungen von Läsionsort und Läsionsseite auf den Dysphagiescore wurden für N=41 untersucht. Da Affektionen des Kleinhirns nur einmal vorkamen, konnte diese Variable nicht in die Berechnung einbezogen werden. Berücksichtigt wurden die unabhängigen Variablen Großhirn (N=18), Hirnstamm (N=23), sowie rechts (N=20), links (N=15) und beidseits (N=6). Die Varianzanalyse zeigte bezüglich des Faktors Läsionsort einen signifikanten Effekt, jedoch nicht bezüglich des Faktors Läsionsseite. Die Probanden mit Hirnstammläsionen hatten ausgeprägtere Dysphagien als diejenigen mit Großhirnläsionen. Die Läsionsseite spielte keine Rolle, so dass Patienten mit beidseitigen Läsionen nicht signifikant stärker beeinträchtigt waren als die Gruppe der einseitigen Affektionen. Die Untersuchung der Wechselwirkung zwischen Lage und Läsion ergab jedoch einen signifikanten Effekt (Tabelle 2.3). Großhirn- und Hirnstammläsionen unterschieden sich demnach im Dysphagieschweregrad auch hinsichtlich der Läsionsseiten.Die Interaktionsmuster sind in den Abbildungen 2.1 und 2.2 verdeutlicht.

Tabelle 2.3: Ergebnisse der univariaten Varianzanalyse für Läsionsort / Läsionsseite und Dysphagiescore (N=41).

	Quadratsumme Vom Typ III	Df	Mittel der Quadrate	F	Signifikanz
Korrigiertes Modell	1111,667[a]	4	27,917	7,782	,000
Konstanter Term	446,653	11	446,653	124,511	,000
Läsionsseite	13,193	2	6,596	1,893	,174
Läsionsort	73,572	1	73,572	20,509	,000
Läsionsseite x Läsionsort	20,613	1	20,613	5,746	,022
Fehler	129,142	36	3,587		
Gesamt	796,931	41			
Korrigierte Gesamtvariation	240,809	40			
a. R-Quadrat = ,464 (korrigiertes R-Quadrat = ,404) *p<.05					

Abbildung 2.1: Interaktionsdiagramm A.

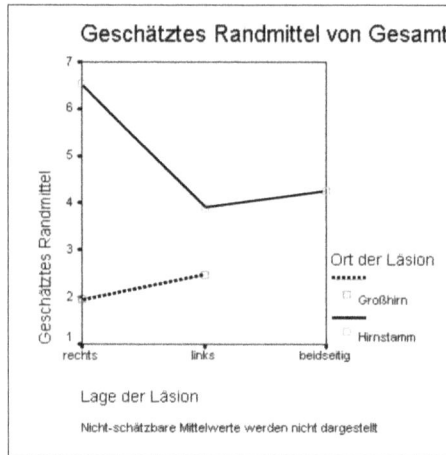

Abbildung 2.2: Interaktionsdiagramm B.

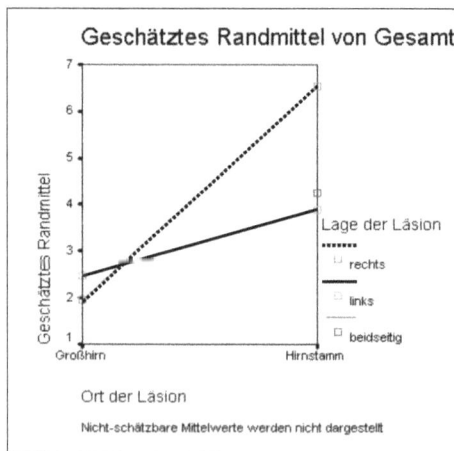

Da die Hauptsteuerung des Schluckvorganges auf Hirnstammebene erfolgt, sind bei Schädigungen dieser Regionen schwere Dysphagien zu erwarten. Erstaunlicherweise waren die beidseitigen Hirnstammläsionen nicht stärker beeinträchtigt als die einseitigen. Vermutlich resultieren die schweren Dysphagien aus Schädigungen der Schluckzentren des Hirnstamms, die sich auch bei diskreten unilateralen Läsionen verheerend auswirken können (vgl. Buchholz 1993). Bei einseitigen kortikalen Läsionen sind die Schluckstörungen in der Regel weniger ausgeprägt, da die kontralateralen Zentren über ihre Bahnen (gekreuzt und ungekreuzt) zum Hirnstamm ziehen. Bei den Großhirnläsionen gab es lediglich einen Fall mit einer mittelgradigen Dysphagie (Score 5), alle übrigen Probanden dieser Untergruppe hatten nur eine leichte Schluckstörung oder waren mit Dysphagiescore 1 und 2 als nicht beziehungsweise minimal beeinträchtigt einzustufen. Warum es bei unilateralen kortikalen Beeinträchtigungen überhaupt zu Schluckstörungen kommt und diese sowohl bei rechtshirnigen als auch bei linkshirnigen Affektionen auftreten können, erklärt die Repräsentationsasymmetrie (Hamdy et al. 1999, 1997). Einschränkend muss berücksichtigt werden, dass die Stichprobe keine bilateralen Großhirnläsionen enthielt (siehe Ausschlusskriterien), die möglicherweise gravierendere Beeinträchtigungen gezeigt hätten.

In der vorliegenden Stichprobe gab es nur eine Kleinhirnläsion, die mit Dysphagiescore 3 als leichte Schluckstörung zu bewerten ist. Über den Einfluss des Kleinhirns auf das Schlucken ist bislang wenig bekannt. Falls nicht sekundär der Hirnstamm betroffen ist, beispielsweise durch ödembedingte Raumforderungen, kommt es im Zusammenhang mit zerebrovaskulären Erkrankungen des Kleinhirns selten zu Dysphagien.

2.3.2 Validierung des Ausschlusskriteriums Kopf-Rumpf-Kontrolle

Um mögliche Störfaktoren, die sich durch Beeinträchtigungen der Kopf-Rumpf-Kontrolle ergeben können, auszuschalten, wurde dieses Ausschlusskriterium validiert. Die Patienten mussten in der Lage sein, während der radiologischen Untersuchung ohne oder mit Unterstützung auf einem normalen oder Rollstuhl zu sitzen.Insgesamt hatten 11 Patienten eine gestörte Rumpfkontrolle und bei 6 Patienten war die Kopfkontrolle eingeschränkt. Die Überprüfung der Auswirkungen von Beeinträchtigungen der Rumpf- und Kopfkontrolle auf den Dysphagieschweregrad zeigte keine signifikanten Ergebnisse (univariate Varianzanalyse). Dies ergab sowohl die Prüfung der Haupteffekte als auch der Interaktion zwischen diesen beiden Faktoren (Tabelle 2.4). Das bedeutet, dass in dieser Studienpopulation weder die Kopf- noch die Rumpfkontrolle noch die Wechselwirkung zwischen beiden einen Einfluss auf den Ausprägungsgrad der Schluckstörung hatte. Das Resultat legt zugleich die Vermutung nahe, dass Beeinträchtigungen der Kopf-Rumpf-Kontrolle nicht die gravierenden Auswirkungen auf die Schluckmotorik haben, wie häufig angenommen wird.

Tabelle 2.4: Ergebnisse der univariaten Varianzanalyse für gestörte Kopf-Rumpf-Kontrolle und Dysphagiescore.

	Quadratsumme Vom Typ III	df	Mittel der Quadrate	F	Signifikanz
Korrigiertes Modell	6,551[a]	3	2,184	,354	,787
Konstanter Term	128,098	1	128,098	20,763	,000
Rumpfkontrolle	,506	1	,506	,082	,776
Kopfkontrolle	1,810	1	1,810	,293	,591
Kopfkontrolle x Rumpfkontrolle	9,72E-02	1	9,72E-02	,015	,904
Fehler	234,441	38	6,169		
Gesamt	807,493	42			
Korrigierte Gesamtvariation	240,992	41			

a. R-Quadrat = ,027 (korrigiertes R-Quadrat = -,050)
*p<.05

2.3.3 Dysphagie und nichtsprachliche/parasprachliche Willkürfunktionen

Insgesamt hatten alle Probanden der Stichprobe mehr oder weniger ausgeprägt Beeinträchtigungen nichtsprachlicher oder/und parasprachlicher Willkürfunktionen eines oder mehrerer Organe. Mithilfe der Regressionsanalyse wurde untersucht, welche Kombination an oralmotorischen Störungen (Prädiktorvariable) einen hohen Dysphagiescore (Kriteriumsvariable) vorhersagt. Die Merkmalsausprägungen der einzelnen Variablen wurden jeweils summiert und somit das Störungsausmaß berücksichtigt. Wie in der Ergebnistabelle 2.5 dargestellt, ergaben sich als hochsignifikanter Prädiktor der Dysphagie lediglich ein gestörter willkürlicher velopharyngealer Verschlussin Kombination mit einer unerwartet negativen Korrelation der Lippen- und Stimmfunktionen. Es sei an dieser Stelle nochmals daran erinnert, dass die „gurgelnde" Stimmqualität, da diese keine motorische Störung der Stimmbandadduktion repräsentiert, nicht in die Regressionsanalyse einbezogen wurde.

Tabelle 2.5: Ergebnisse der Regressionsanalyse für gestörte nichtsprachliche/parasprachliche Willkürbewegungen und Dysphagieschweregrad.

	Nicht standardisierte Koeffizienten		Standardisierte Koeffizienten		
Unabhängige Variablen	B	Standardfehler	Beta	T	Signifikanz
(Konstante)	3,324	1,978		1,681	,103
Lippen	-,706	,264	-,391	-2,672	**,012***
Kiefer	,228	,291	,143	,784	,439
Zunge	,142	,198	,126	,721	,476
Velum	2,495	,783	,514	3,185	**,003****
Stimme	-,723	,334	-,345	-2,164	**,038***

Anmerkungen. Abhängige Variable: Dysphagiescore.
*p < 0,05.

Demnach scheinen die willkürlichen *velopharyngealen Funktionen* eine besondere Rolle zu spielen. Dazu stellen sich folgende Fragen:

1. Liegen tatsächlich kombinierte Beeinträchtigungen der „schluckreflektorischen" und der willkürlich intendierten Velumhebung vor?

2. Können aus physiologischer Sicht Störungen des velopharyngealen Verschlusses die Schluckfunktion nachhaltig beeinträchtigen?

3. Gibt es Erklärungsansätze aus neuroanatomischer Sicht?

(1) Diese Frage lässt sich nicht eindeutig beantworten, da bei unilateralen velopharyngealen Paresen kein sicherer radiologischer Nachweis der gestörten Velumhebung möglich ist. In der seitlichen Durchleuchtung wird die kranke Seite von dergesunden überlagert. Generell gilt eine nasale Penetration als Symptom

einer gestörten Velumhebung, diese wird bei kleinen Bolusmengen jedoch selten beobachtet. Die Einzelfallanalyse der betreffenden Probanden ergab daher keine verwertbaren Aufschlüsse. Insgesamt gab es in der Population nur zwei Fälle mit bilateraler Parese der Velumheber. In einem Fall zeigte sich in der videographischen Analyse während des Schluckens ein unvollständiger velopharyngealer Verschluss, der zweite Patient hatte keine Schluckreflexauslösung und somit keine reflektorische Velumhebung.

(2) Aus physiologischer Sicht hat der velopharyngeale Verschluss eine zweifache Bedeutung. Die Abdichtung des Nasenraumes verhindert zum einen eine nasale Penetration und ermöglicht zum anderen den pharyngealen Druckaufbau. Allerdings ist erwiesen, dass eine isolierte Beeinträchtigung des Gaumensegelverschlusses (z.B. bei Lippen-Kiefer-Gaumen-Spalten) keine gravierende Störung des Schluckens bewirkt (Logemann 1998). Die betroffenen Patienten kompensieren die fehlende velopharyngeale Adduktion beim Schlucken in der Regel mit einer übermäßigen Kontraktion der Pharynxwand. Sind dagegen Störungen des velopharyngealen Verschlusses mit Beeinträchtigungen der Pharynxkontraktion verbunden, ist die Schluckphysiologie merklich gestört. Auch die Kontraktionsparameter der Rachenmuskulatur (Schnürtiefe) lassen sich bei Hemiparesen radiologisch nicht sicher beurteilen. In dem Fall mit beidseitiger Parese zeigte sich eine reduzierte Einschnürtiefe der Kontraktionswelle.

(3) Aus neuroanatomischer Sicht sind wegen der gemeinsamen nervalen Versorgung bei neurogenen Ätiologien kombinierte Störungen der velaren und pharyngealen Muskeln zu vermuten. Der Gaumensegelheber und die drei Pharynxkonstriktoren werden durch die Äste des Plexus pharyngeus innerviert. Dieser setzt sich aus Ästen des N. accessorius (XI), des N. vagus (X) und des N. glossopharyngeus (IX) zusammen (Kennedy & Kuehn 1989). Die zuständigen Kerngebiete liegen im Nucleus ambiguus (NA). Fraglich ist allerdings, ob die schweren Dysphagien mit gestörter willkürlicher Velumhebung - es handelt sich ausschließlich um Hirnstammläsionen - lediglich aus Hirnnervenläsionen resultieren. Da sich die ventrolateralen „Central Pattern Generators" (CPGs) in unmittelbarer Nähe des NA befinden, könnten die ausgeprägten Schluckstörungen

durch zusätzliche Schädigungen des vorderen, seitlich gelegenen Schluckzentrums verursacht sein.

Trotz des statistisch erwiesenen Zusammenhangs gibt es Einzelfälle die dissoziieren. Insgesamt hatten vier Patienten mit gestörtem willkürlichem velopharyngealem Verschluss Dysphagiescore 1, also keine Schluckstörung. Da diese Fälle zur Gruppe der Großhirnläsionen gehören, ist vermutlich ausschließlich die velopharyngeale Willkürmotorik betroffen.

Die negative Korrelation bezüglich der willkürlichen *Lippenbewegungen* erscheint aus physiologischer Sicht nicht verwunderlich. Störungen der Lippenprotraktion, Retraktion oder des Lippenschlusses führen vermutlich nicht zu einer Penetration oder Aspiration. Da die radiologische Untersuchung mit flüssigen und breiigen Konsistenzen durchgeführt wurde, ist primär der Lippenschluss relevant. In diesem Zusammenhang interessiert, ob sich die gestörte Lippenadduktion auch beim Schlucken zeigt. In dem videographisch eindeutig zu beurteilenden Fall mit bilateraler Facialisparese kam es mit Einsetzen der oralen Schluckphase zum Lippenschluss. Dies zeigt, dass selbst bei beidseitigen Paresen die Störungssymptomatik zwischen Willkürbewegung und Schlucken dissoziieren kann.

Die negative Korrelation bestätigt im Grunde genommen die Dissoziation zwischen gestörten willkürlichen Lippenbewegungen und Dysphagie. Betrachtet man speziell alle Patienten (N=6) mit schwersten Beeinträchtigungen der Lippenfunktionen (höchster Summenscore) finden sich vier Fälle ohne Schluckstörung (je zwei VP mit Dysphagiescore 1 und 2) und kein Fall mit schwerer oder schwerster Dysphagie (Score 7-8).

Erstaunlicherweise standen die *Stimmparameter* (Stimmqualität, Tonhöhen- und Lautstärkeumfang) ebenfalls in umgekehrter Relation zum Dysphagieschweregrad. Da die laryngealen Funktionen für den Schluckvorgang eine wichtige Rolle spielen, stellt sich die Frage, ob dieklinisch geprüften Stimmfunktionen tatsächlich als „schluckrelevant" einzustufen sind. Die in der klinischen Diagnostik durchgeführte auditive Erfassung der willkürlichen Stimmfunktionen lässt eine Bewertung folgender Bewegungsmechanismen zu:

1. Adduktions- und Schwingungsfähigkeit der Stimmlippen

2. Form-, Längen- und Spannungsänderungen

Aus physiologischer Sicht differieren die laryngealen Verschlussmechanismen zwischen Phonation und Schlucken erheblich. Während der Phonation kommt es durch fein angepassten Exspirationsstrom zu Stimmbandschwingungen, dabei gewähren die geöffneten supralaryngealen Strukturen den ungehinderten Luftdurchzug. Beim Schlucken wird dagegen der vollständige laryngeale Verschluss benötigt. Im Zuge des schluckreflekorischen Atemstopps erfolgt die Glottisadduktion, zusätzlich kommt es zum Verschluss der supralaryngealen Strukturen. Es handelt sich also um völlig verschiedene Adduktionsmechanismen. Darüber hinaus unterscheiden sich die funktionellen Bewegungsziele deutlich. Bei der Stimmgebung geht es um die Generierung eines Tones und beim Schlucken um den Schutz der unteren Luftwege.

Mittels Tonhöhen- und Lautstärkeumfang wird die Fähigkeit der Form-, Längen- und Spannungsänderungen der Stimmlippen geprüft. Die Interpretation der Stimmleistungsparameter im Bezug auf die Dysphagie beruht bislang nur auf Spekulationen. Da bei hohen Tönen die extralaryngealen Muskeln den Kehlkopf kaudalwärts ziehen und diese Bewegung beim Schlucken eine wichtige Rolle spielt, wird ein Zusammenhang unterstellt. Eine zweite, ebenfalls sehr spekulative Schlussfolgerung bezieht sich auf die Sensibilität. Der für die entsprechenden Bewegungen relevante Musculus cricothyroideus wird vom Nervus laryngeus superior versorgt, der gleichzeitig die sensiblen Fasern der Kehlkopfschleimhaut innerviert. Manche Autoren vermuten deshalb einen Zusammenhang zwischen der motorischen und sensiblen Versorgung des Kehlkopfs (Logemann 1998, Robbins 1988). So wird angenommen, dass bei Patienten mit gestörten Stimmleistungsparametern eine erhöhte Gefahr der „stillen" Aspiration besteht. Störungen der Stimmparameter hätten demnach zu einem hohen Dysphagiescore führen müssen, dies wird durch das vorliegende Resultat nicht bestätigt.

Zwischen den laryngealen Mechanismen und Funktionszielen des Schluckens und der Stimmgebung besteht also ein erheblicher Unterschied, so dass das vorliegende Ergebnis verständlich erscheint. Eindeutige Hinweise für dissoziierte Störungen zeigen die Probanden mit den höchsten Stimm- und gleichzeitig niedrigsten Schluckscores. Insgesamt hatten 7 Normalschlucker (Score 1-2) ausgeprägte Stimmstörungen.

Subtest: Dysphagiescore und „gurgelnde" Stimmqualität

Während bei den Willkürfunktionen die rein motorische Stimmfunktion berücksichtigt wird, nimmt die „gurgelnde" Stimmqualität als symptomatische Folge einer Penetration oder/und Aspiration eine Sonderstellung ein. Das Merkmal wurde deshalb in einem Subtest isoliert untersucht. Die Ergebnisse sind in Tabelle 2.6 dargestellt.

Tabelle 2.6: Mittelwertvergleich für gurgelnde Stimmqualität und Dysphagiescore (Signifikanzen).

	N	Dysphagiescore-MW	Standardabw.	t-Test	U-Test
Keine gurgelnde Stimme	20	2,7000	1,76702	**	**
Gurgelnde Stimme	22	4,5568	2,63264		

*p<.05, **p<.01

Erwartungsgemäß ergab der Mittelwertvergleich der Patienten mit und ohne „gurgelnder" Stimmqualität überzufällige Unterschiede. Die gurgelnde Stimme („gurgly" oder „wet voice") geht mit einem signifikant höheren Dysphagiescore einher. In der Literatur findet sich häufig eine Vermischung der Stimmmerkmale und der daraus resultierenden positiven Korrelationen zwischen Dysphagie und Störungen der Stimmqualität. Arbeiten über den Zusammenhang zwischen Dysphonie und Dysphagie sollten dementsprechend kritisch beurteilt werden.

Da die gestörten willkürlichen *Unterkieferbewegungen* (Öffnung, Schluss, seitliche und rotatorische Bewegungen, Kraft) wider Erwarten keinen Einfluss auf den Dysphagiescore zeigten, wurden diese zusätzlich isoliert untersucht. Der Vergleich (t-Test) der Dysphagiescoremittelwerte zwischen den beiden Patientendritteln mit den jeweils höchsten und niedrigsten Kieferscores ergab gleichfalls keine überzufälligen Unterschiede.

Tabelle 2.7: Vergleich der Dysphagiescore-Mittelwerte der beiden Patientendrittel mit den jeweils niedrigsten und höchsten Kieferscores für N=28.

	N	Dysphagiescore-MW	Standardabweichung	t-Test
Niedrigste Kieferscores	14	2,7917	1,84806	NS
Höchste Kieferscores	14	3,2857	2,14579	

*p<.05

Das Ergebnis erscheint auf den ersten Blick aus physiologischer Sicht verwunderlich. Unterkieferbewegungen spielen sowohl in der Kauphase als auch in der oralen und pharyngealen Schluckphase eine wichtige Rolle. Während des Transportes durch den Mund- und Rachenraum bildet die Unterkieferstabilität eine entscheidendeVoraussetzung für die freie Beweglichkeit der Zunge, des Zungenbeins und indirekt des Kehlkopfgerüstes. Es stellt sich auch hier die Frage, welche geprüften Willkürbewegungen schluckrelevante Unterkieferbewegen repräsentieren und ob während des Schluckens dieselbe Störungssymptomatik aufgetreten ist. Da bei den Röntgenaufnahmen flüssige und breiige Konsistenzen bewertet worden sind, ist lediglich der Kieferschluss relevant. Allerdings hatten nur drei Probanden Probleme mit dem willkürlichen Kieferschluss. Hier handelte es sich in zwei Fällen um eine apraktische Symptomatik. In der retrospektiven Videoanalyse zeigte sich bei beiden Patienten während des gesamten Schluckvorganges ein völlig normaler Kieferschluss. Beim dritten Probanden war während des Schluckvorgangs der Kiefer vollständig geschlossen, nach dem Schlucken kam es sofort wieder zur Kieferöffnung. Da bei allen Patienten dieser Studienpopulation die benötigte Kieferadduktion beziehungsweise Unterkieferstabilität während des Schluckvorgangs vorhanden war, konnten die übrigen geprüften Kieferfunktionen den Schluckscore nicht beeinflussen. Somit erklärt sich das vorliegende Ergebnis auchaus physiologischer Sichtweise.

In der Einzelfallanalyse fanden sich keine Fallbeispiele mit assoziierten Störungen schwerer Beeinträchtigungen der Kiefermotilität (höchste Kieferscores) und schwerer bis schwerster Dysphagie (Score 7-8). Dagegen hatten von den sechs Probanden mit den insgesamt höchsten Kieferscores fünf Patienten keine Dysphagie (zwei VP Score 1 und drei VP Score 2).

Erstaunlicherweise zählen auch die willkürlichen *Zungenbewegungen* nicht zu den Prädiktoren einer Dysphagie. Deshalb wurden die Zungenparameter nochmals isoliert untersucht. Beim Vergleich (t-Test) der Dysphagiescore-Mittelwerte der beiden Patientendrittel mit den jeweils höchsten und niedrigsten Zungenscores (N=28) zeigten sich ebenfalls keine signifikanten Unterschiede (Tabelle 2.8). Auch die isolierte Untersuchung der Variable Zungenkraft ergab keine Signifikanz (t-Test). Dieses Ergebnis wurde wegen der Abweichungen der Stichprobengrößen (signifikanter Levene-Test) zusätzlich durch den Mann-Whitney-U-Test abgesichert (Tabelle 2.9).

Tabelle 2.8: Vergleich der Dysphagiescore-Mittelwerte der beiden Patientendrittel mit den jeweils niedrigsten und höchsten Zungenscores für N=28.

	N	Dysphagiescore-MW	Standardabweichung	t-Test
Niedrigste Zungenscores	14	3,5357	2,22066	NS
Höchste Zungenscores	14	3,7143	2,56428	

*p<.05

Tabelle 2.9: Vergleich der Dysphagiescore-Mittelwerte der Patienten mit und ohne beeinträchtigter Zungenkraft für N=42.

	N	Dysphagiescore-MW	Standardabweichung	t-Test	U-Test
Zungenkraft normal	7	4,0000	2,56174	NS	NS
Zungenkraft beeinträchtigt	35	3,6071	2,42970		

*p<.05

Zweifellos hat die Zunge für die oropharyngealen Schluckphasen eine wichtige Funktion. Störungen schluckrelevanter willkürlicher Zungenbewegungen scheinen nach den vorliegenden Ergebnissen keinen Einfluss auf die Dysphagie zu haben. Aus physiologischer Sicht stellt sich zunächst die Frage, inwiefern die klinisch geprüften selektiven Bewegungen (Protraktion, Lateralisation, Rotation, Zungenspitzenhebung, Zungenrückenhebung, Zungenkraft) die komplexen lingualen Motilitätsmuster während des Schluckens repräsentieren. Die Hauptbewegungskomponenten bilden in der oralen Schluckphase die Zungenschüsselbildung und die Rollbewegung mit sequentieller Elevation und Retraktion der Vorder- und Hinterzungenabschnitte. Für den regelrechten pharyngealen Bolustransport ist die kräftige Zungenbasisretraktion mit Adduktion an die Rachenmuskulatur entscheidend. Es fehlen also diejenigen Bewegungskomponenten, die klinisch inspektiv nicht eindeutig zu beurteilen sind. Dazu gehören die Zungenschüsselbildung, die sequentielle Rollbewegung und die Zungenbasisretraktion. Möglicherweise hat die modalitätsbedingte Ungenauigkeit der klinischen Untersuchung das Ergebnis beeinflusst.

Da die Zungenkraft insbesondere für die pharyngeale Schluckphase eine besondere Rolle spielt, wurden zusätzlich isolierte Mittelwertvergleiche durchgeführt, die jedoch kein signifikantes Ergebnis erbrachten. Zur Beurteilung der Zungenkraft wird in der klinischen Diagnostik die Zungenprotraktion, Lateralisation und die Zungenrückenhebung gegen manuellen Widerstand des Therapeuten bewertet. Dies beinhaltet lediglich eine qualitative Beurteilung, die das subjektive Empfinden des Untersuchers widerspiegelt. Zudem scheint für den Schluckvorgang in erster Linie die Zungenbasisretraktionskraft bedeutend zu sein (siehe Kapitel 1.2). Deren Beurteilung kann jedoch nur mit aufwändigen und invasiven apparativen Techniken erfolgen. Möglicherweise liegt hier eine Fehlerquelle.

In der Einzelfallanalyse der insgesamt 21 Patienten mit den höchsten Zungenscores stimmen insgesamt drei Fälle mit einem hohen Dysphagiescore überein (eine VP mit Dysphagiescore 7, zwei VP mit Score 8). Die Interpretation bleibt offen, da in allen drei Fällen gleichzeitig die Velumhebung gestört war. Dagegen zeigen sich zahlreiche Belege für dissoziierte Störungen. Insgesamt sind 12 Patienten mit schwersten Beeinträchtigungen der willkürlichen Zungenmotilität als Normalschlucker einzustufen (je sieben Probanden mit Dysphagiescore 1 und je fünf mit Dysphagiescore 2).

Hinweise für doppelte Dissoziationen ergibt die Einzelfallanalyse der Patienten mit den höchsten und niedrigsten Summenscores *aller oralmotorischen Parameter*. Die insgesamt schwersten Störungen der nichtsprachlichen/parasprachlichen Willkürbewegungenfanden sich bei einem Probanden mit Dysphagiescore 1, also völlig normaler Schluckfunktion. Die geringste Beeinträchtigung der

Willkürfunktionen wurden bei einem Patienten mit Dysphagiescore 7, also schwerer Schluckstörung ermittelt. Im ersten Fall handelt es sich um eine Großhirnläsion, die sich gravierend auf die Willkürmotorik auswirkt, das Schlucken aber in keiner Weise stört. Im zweiten Fall ist der Hirnstamm betroffen und vermutlich die Schluckzentren affiziert. Selbst beidseitige Hirnstammaffektionen, kombiniert mit schweren oralmotorischen Störungen müssen nicht unbedingt zu Dysphagien führen. Dies dokumentieren zwei Fälle mit bilateralen Ponsinfarkten. Hier kam es durch Schädigung der Pyramidenbahn zwar zu schweren Störungen der oralmotorischen Willkürbewegungen, der Schluckvorgang war dagegen nicht merklich beeinträchtigt (Score 2).

Das vorliegende Ergebnis findet seine Bestätigung in der oben zitierten Studie von Mann & Hankey (2001), die bei einer Stichprobe von 161 Schlaganfallpatienten unter den klinischen Merkmalen der oralen Willkürmotorik ebenfalls den gestörten velopharyngealen Verschluss als Prädiktor der Dysphagie erfasst haben. Linden, Kuhlemeier & Patterson (1993) fanden dagegen eine Korrelation zwischen gestörter Stimmqualität (behauchte, gepresste Phonation) und Aspiration; Beeinträchtigungen der Tonhöhe hatten jedoch keinen Einfluss. Im Gegensatz dazu stehen die Ergebnisse von Horner & Massey (1988) und Horner et al. (1988), die einen signifikanten Zusammenhang zwischen gestörten Stimmparametern und Aspiration dokumentieren. Allerdings wurde das Merkmal „gurgelnde Stimmqualität" miteinbezogen und somit die Zeichen einer motorischen Stimmstörung mit der Penetrations- Aspirations-Symptomatik vermischt. Die gurgelnde Stimmqualität korrelierte in mehreren Studien mit durchwegs großen Stichproben (N > 150) mit der Aspiration (Mann & Hankey 2001, Logemann, Veis & Colangelo 1999, Linden, Kuhlemeier & Patterson 1993).Lediglich in einer Arbeit mit N=24 war die gurgelnde Stimme kein signifikanter klinischer Hinweis auf eine Penetration/Aspiration (Warms & Richards 2000).

Im Widerspruch zu den vorliegenden Ergebnissen haben Nilsson et al. (1998) bei 100 Schlaganfallpatienten eine Facialisparese als eindeutigen Prädiktor für eine Schluckstörung erfasst. Physiologisch wird dies durch die gemeinsame Versorgung der Gesichtsmuskeln und des Musculus stylohyoideus, sowie des Musculus digastricus posterior durch den N. Facialis erklärt. Letztere wirken an der Zungenbeinhebung mit und sind somit an der oralen und an der pharyngealen Schluckphase beteiligt. Allerdings wurde in dieser Arbeit die Dysphagie nicht radiologisch diagnostiziert.

2.3.4 Dysphagie und Sprechfunktion

Von den 42 Patienten der Stichprobe hatten insgesamt 17 eine Sprechstörung (Dysarthrie/Sprechapraxie). Die prozentuale Häufigkeitsverteilung von Sprechstörungen bei nicht dysphagischen und dysphagischen Patienten entspricht in dieser Studienpopulation nahezu einem Verhältnis von 1:1. 41% der Normalschlucker (Score 1-2) litten unter Beeinträchtigungen des Sprechens und 40% der Dysphagiepatienten (Score 3-8) hatten ebenfalls eine Sprechstörung (Abbildung 2.3). Berücksichtigt man die Schweregradausprägung der Schluckstörung ergibt sich im Vergleich der Dysphagiescoremittelwerte der Patienten mit und ohne Sprechstörung kein signifikanter Unterschied (Tabelle 2.10).

Abbildung 2.3: Prozentuale Häufigkeitsverteilung der Sprechstörungen bei nicht dysphagischen und dysphagischen Patienten.

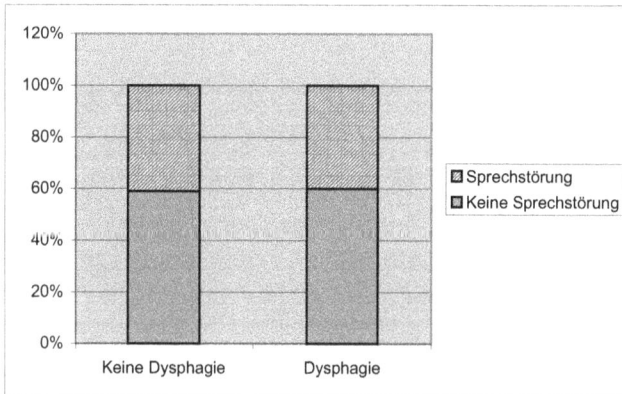

Tabelle 2.10: Vergleich der Dysphagiescoremittelwerte zwischen Patienten mit und ohne Sprechstörung (Dysarthrie/Sprechapraxie).

	N	Dysphagiescore-MW	Standardabweichung	t-Test	U-Test
Keine Sprechstörung	25	3,8167	2,5890	NS	NS
Sprechstörung	17	3,4608	2,2179		

*p<.05

Wie erwartet und durch mehrere Arbeiten bestätigt (siehe Unterkapitel 2.1.1), gehen Sprechstörungen (Dysarthrien, Sprechapraxien) nicht überzufällig mit Dysphagien einher. Die Physiologie des Sprechens beziehungsweise der Artikulationsbewegungen und des Schluckens unterscheiden sich erheblich. Zusammen mit den vorgeschalteten Sprachverarbeitungsprozessen werden beim Sprechen in rascher Folge Laute und Silben produziert. Dabei müssen unterschiedliche, hoch differenzierte Bewegungskomponenten integriert werden (Ziegler 1998). In einer Sekunde werden bei gleichzeitig fein angepasster Respiration etwa 14 Phoneme produziert (Lenneberg 1977). Beim Schlucken wird mit demselben Muskelapparat in jeweils einer Sekunde die Nahrung durch den Mund- und Rachenraum geschoben. Dies erfordert zwar auch ein differenziertes, koordiniertes und auf den jeweiligen Bolus angepasstes Muskelzusammenspiel, das jedoch im Wesentlichen als wellenförmige Transportbewegung zu charakterisieren ist. Das Respirationssystem hat dabei die Aufgabe die tiefen Atemwege zu schützen. Demnach differieren auch die Funktionsziele erheblich. Zum einen geht es um die Generierung des verständlichen Sprechens und zum anderen um den Transport von Speichel und Nahrung.

Diese physiologischen Überlegungen werden durch zahlreiche doppelte Dissoziationen gestützt. 41% der Normalschlucker (Score 1-2) hatten eine Sprechstörung und 60% der Dysphagiepatienten (Score 3-8) hatten keine Sprechstörung. Selbst schwerste Dysphagien waren nicht zwingend mit Sprechstörungen assoziiert. Vier der sechs Patienten mit den höchsten Dysphagiescores (Score 7-8) hatten keine Sprechstörung. Einschränkend ist zu berücksichtigen, dass die Sprechstörung mangels einheitlicher Testverfahren lediglich nominal skaliert wurde.

Eine Abstufung in Schweregrade hätte sensiblere Vergleichsmöglichkeiten geboten.

Zusammenfassend ist festzustellen, dass sich lediglich ein Zusammenhang zwischen Dysphagie und Störungen der willkürlichen Velumhebung, in Kombination mit einer unerwartet negativen Korrelation der Lippen- und Stimmfunktionen, zeigte. Das Gesamtresultat spricht daher eher für die These der Unabhängigkeit der oralmotorischen Funktionssysteme. Dies gilt unter dem Vorbehalt einiger methodischer Kritikpunkte. Möglicherweise wurde das Ergebnis durch die Vorselektion der Studienpopulation beeinflusst, da nur Patienten mit Verdacht auf Dysphagie röntgenologisch untersucht wurden. Eine Randomisierung war aufgrund der untersuchungsbedingten Strahlenbelastung aus ethischen Gründen nicht vertretbar. Ein weiterer Kritikpunkt betrifft die Präzisierung der abhängigen Variablen. Da die orale Schluckphase überwiegend der Willkürkontrolle unterliegt und die pharyngeale Phase rein reflektorisch gesteuert wird, könnte die Zusammenhangsfrage durch eine phasenspezifische Einteilung eine weitere Differenzierung erfahren. Wegen der Komplexität des Schluckprozesses zeigen sich jedoch meist kombinierte Störungsbilder. In der Studienpopulation hatten lediglich sechs Patienten isolierte Störungen der oralen Phase, die nach der Schweregradeinteilung nicht als pathologisch zu bewerten waren. Ein größerer Stichprobenumfang könnte zweifellos zu präziseren Resultaten führen. Bezüglich der unabhängigen Variablen ist zu berücksichtigen, dass diese zum Teil die schluckrelevanten Bewegungsziele nur unzureichend widerspiegeln können beziehungsweise andere physiologische Mechanismen zugrunde liegen. Interessant wäre noch zu erfahren, ob sich die gestörten selektiven willkürlichen oralmotorischen Bewegungen unabhängig vom Schweregrad der Schluckstörung im Schluckmuster widerspiegeln. Obwohl die radiologische Untersuchungstechnik als derzeitiger Goldstandard für die Diagnose der Dysphagie gilt, können bei einseitigen Läsionen durch Überlagerung der gesunden Seite viele Bewegungsparameter nicht ausreichend sensitiv erfasst werden.

Die Vorstellung über die Unabhängigkeit der Funktionssysteme wird zusätzlich durch die zitierten epidemiologischen Studien und eine Reihe von Einzelfallbeispielen mit dissoziierten Störungen unterstützt. Selbstverständlich können in Abhängigkeit von der Schädigung assoziierte Beeinträchtigungen auftreten.

2.4 Diskussion

2.4.1 Neurowissenschaftliche Argumente für die These der spezialisierten Kontrollprozesse

Die Resultate der klinischen Empirie, die insgesamt für die These der spezialisierten Kontrollprozesse sprechen, finden in folgenden neuroanatomischen und biomechanischen Studien ein neurobiologisches Fundament.

Neuroanatomische Studien und Beobachtungen: Schlucken vs. oralmotorische Willkürbewegungen

Die Entdeckung der „Central Pattern Generators (CPGs) for Swallowing" gilt als wichtigster Beleg für die spezialisierte Steuerung des Schluckens auf Hirnstammebene (Chandler & Tal 1986, Rossignol, Lund & Drew 1988, Jean 1990, Lund 1991). Diese zentralen Bewegungsgeneratoren bestehen wie bereits dargestellt aus neuronalen Netzwerken, die einmal aktiviert in der Lage sind, ohne weiteres externes Feedback spezifische Bewegungsfolgen zu generieren (Rossignol & Dubuc 1994). Den unmittelbaren Beweis für die Beteiligung der pontomedullären Übergangsregion beim menschlichen Schlucken lieferten Hamdy et al. (1999b) in einer PET-Studie. Interessanterweise kann bei affiziertem Schluckzentrum eine Stimulation intakter peripherer Nerven (z.B. des N. laryngeus superior) reflektorisches Schlucken nicht mehr auslösen (Miller 1993). Wie Versuche an dezerebrierten Tieren zeigen, kann sogar ausschließlich auf Hirnstammebene geschluckt werden. Selbst beim „Persistent Vegetative State" (früher apallisches Syndrom), das den Verlust aller Willkürbewegungen zur Folge hat, ist Schlucken oder zumindest die reflektorische Schluckphase oft nicht beziehungsweise nur minimal gestört. Die Durchführung nichtsprachlicher/parasprachlicher Willkürbewegungen ist dagegen ohne kortikale Beteiligung nicht möglich.

Wie bereits beschrieben zeigt sich auf Großhirnebene bezüglich des Schluckvorgangs eine multifokale Repräsentation in beiden Hemisphären und eine von der Händigkeit unabhängige Seitendominanz (Hamdy et al. 1996, 1997, 1998, 1999a). Für die willkürlichen nichtsprachlichen oralmotorischen Bewegungen

scheint dagegen eine symmetrische Repräsentation in beiden Hirnhälften zu e-
xistieren (Wohlert & Larson 1991, Wildgruber et al. 1996). Leider gibt es nur
wenige Arbeiten die Schlucken und oralmotorische Willkürbewegungen systematisch untersucht haben. Zald & Pardo (1999) fanden mittels PET-Analyse
beim Vergleich von Schlucken und willkürlichen Zungenlateralbewegungen
schluckspezifische Aktivierungen im unteren Gyrus präcentralis, in der rechten
vorderen Insel/Claustrum und sogar im linken Cerebellum. Weitere Zonen, unter
anderem im Putamen, im Thalamus, sowie im Bereich des rechten Temporal-
und Parietallappens, wurden sowohl beim Schlucken, als auch beiwillkürlichen
Zungenbewegungen aktiviert. Kern et al. (2001) ermittelten in einer fMRI-
Studie beim Schlucken und bei willkürlichen nichtsprachlichen Lippen-, Kiefer-
und Zungenbewegungen einige überlappende kortikale Repräsentationsareale
(Gyrus cinguli, Gyrus präcentralis, prämotorischen Kortex, Insel, occipital-pa-
rietale Region). Beim Schlucken zeigte sich jedoch im Gegensatz zu den nichtsprachlichen Bewegungen eine deutliche Seitendominanz. Dennoch lässt selbst
eine Überlappung der Re-präsentationsareale nicht zwingend auf gemeinsame
Kontrollprozesse schließen, da innerhalb dieser Regionen eine Differenzierung
auf neuronaler Ebene im Sinne spezifischer funktioneller Einheiten besteht. So
konnten Martin et al. (1997) im Tierversuch mit Primaten nachweisen, dass im
primär motorischen Kortex manche Neuronen ausschließlich während des
Schluckens, andere wiederum nur bei einer trainierten oralmotorischen Bewegung (Zungenprotraktion) aktiviert wurden.

Neuroanatomische Studien und Beobachtungen:
Schlucken vs. Sprechen

Auch Sprechen ist ohne kortikale Beteiligung nicht möglich, während reflektorisches Schlucken bei einem völligen Ausfall des kortikalen Inputs auf die unteren
Hirnnerven ausgelöst werden kann. Auf kortikaler Ebene findet sich zwischen
Schlucken und Sprechen eine eindeutige Unterscheidung bezüglich der laterali-
tätsspezifischen Repräsentation. Während Schlucken, wie oben beschrieben, bilateral repräsentiert ist, geht die sprechmotorische Steuerung von der sprachdo-
minanten Hemisphäre aus (Wildgruber et al. 1996). Die intraoperativen elektri-
schen Stimulationen mit Sprachmonitoring (Reulen et al. 1997) zeigen, dass an

den komplexen Bewegungsvorgängen des Sprechens vielfältige kortikale Areale beteiligt sind. Leider existieren kaum systematisch vergleichende Untersuchungen zwischen Sprechen und Schlucken. Überlappende Regionen finden sich insbesondere im insulären und primärmotorischen Kortex. Dennoch kann es auch bei Läsionen dieser Gebiete zu isolierten Störungen kommen (Meadows 1973). Vermutlich erklärt sich dies durch die Spezialisierung auf neuronaler Ebene (Martin et al. 1997).

Biomechanische Untersuchungen

Einen weiteren Beleg für spezifische motorische Kontrollprozesse liefern biomechanische Untersuchungen an der ausführenden Muskulatur. Hier wurden bei gesunden Probanden Schluckbewegungen mit verschiedenen oralmotorischen Willkürbewegungen verglichen.

Elektrophysiologische Untersuchungen zur Koordination der perioralen Muskeln beim Kauen, Saugen und Sprechen dokumentierten unterschiedliche EMG-Muster (Ruark & Moore 1997). EMG-Untersuchungen an der mandibulären Muskulatur zeigten beim Kauen eine reziproke Aktivierung der Antagonisten, während Sprechen durch die Kokontraktion der Antagonisten charakterisiert war (Moore, Smith & Ringel 1988). Interessanterweise konnten Moore & Ruark (1996) dieses Koordinationsmuster auch im frühen Kindesalter bereits auf der Stufe der Lallphase nachweisen. Sprechen war auch hier im Unterschied zu Saugen und Kauen eng mit der Aktivität der Antagonisten gekoppelt. Dies steht im Widerspruch zu der von MacNeilage (1998), MacNeilage & Davis (2000) vertretenen Ansicht, dass die Kieferöffnungs- und Schließbewegungen des Saugens und Kauens die basalen Rahmenbedingungen für das Vokal-Konsonanten-Pattern des Sprechens vorgeben. Funktionsabhängige EMG-Muster wurden auch bei den pharyngealen Aktivitäten dokumentiert. Perkins, Blanton & Biggs (1977) und Perlmann, Luschei & Du Mond (1989) konnten in vergleichenden Untersuchungen zwischen Schlucken und verschiedenen oralmotorischen Willküraufgaben während des Schluckvorgangs die höchste elektrische Aktivität des Pharyngeus superior nachweisen. Flowers & Morris (1973) untersuchten mithilfe der Videofluorographie die velopharyngealen Funktionen bei Sprechbewegungen, parasprachlichen Bewegungen und beim Schlucken. Es ergaben sich Unterschiede in der Bewegungsamplitude und der zeitlichen Koordination. In einer jüngsten manometrischen Studie von Shaker et al. (2002) wurde der Druck des Glottisschlusses beim Schlucken mit den Druckverhältnissen beim Husten, Pressen und während der Phonation verglichen. Wie zu erwarten zeigte sich eine signifikante Variabilität zwischen allen geprüften Bewegungsaufgaben. Die zitierten Arbeiten belegen, dass vergleichbare Bewegungen der ausführenden Muskulatur in Abhängigkeit vom Funktionsziel spezifische Aktivierungsmuster zeigen.

2.4.2 Funktionsspezifische sensorische Prozesse

In der Diskussion um die Spezialisierung der oralmotorischen Steuerung darf die Frage nach der Spezialisierung der sensorischen Afferenzen nicht fehlen. Sensorische Prozesse haben für die Bewegungsentwicklung und Kontrolle unbestritten eine zentrale Bedeutung. Die verschiedenen Bewegungsanforderungen der einzelnen Funktionssysteme lassen spezielle Feedbackmechanismen und Referenzbedingungen vermuten.

Da es beim *Schlucken* um den Transport von Substanzen aus der Mundhöhle in den Magen geht, sind vor allem Submodalitäten des somatosensorischen Systems (Fühlen) entscheidend, die die Boluseigenschaften registrieren. Dazu zählen die Bolusposition und Beschleunigung, Größe, Form, Oberflächenbeschaffenheit, Viskosität, Konsistenz, sowie die Temperatur- und Schmerzempfindung. Die zu schluckende Substanz gilt als wichtigster Auslöser für den Schluckprozess. Schluckt man beispielsweise mehrmals schnell hintereinander, lässt sich beim dritten oder vierten Mal kein Schluckakt mehr auslösen. Die sensorischen Feedbackmechanismen ermöglichen die Feinanpassung des oropharyngealen Systems an die jeweiligen Boluseigenschaften, die bei der Nahrungsaufnahme mit der entsprechenden Mundöffnungsweite beginnt und beim Verlassen des Pharynx mit der zeitgerechten und genau angepassten Öffnung des Speiseröhreneingangs endet (Dodds etal. 1988, Kahrilas et al. 1988, Ekberg, Olsson & Sundgren-Borgstrom 1988, Hamlet 1989). Somatosensorisches Feedback stellt vermutlich auch die entscheidende Referenzbedingung für entwicklungsbedingte Modifikationen des Schluckprozesses dar. Die anatomischen Veränderungen der Schluckorgane und die Gabe neuer Nahrungskonsistenzen ermöglichen reifere Muster des Saugens, Schluckens, Beißens und Kauens (Morris & Klein 1995).

Nichtsprachliche Bewegungsaufgaben der Lippen-, Kiefer-, Zungenmuskulatur werden nach verbaler Aufforderung oder visuell imitatorisch durchgeführt. Hier ist es wichtig, ein vorgegebenes Bewegungsziel zu erreichen. Als sensorisches Feedback sind neben den somatosensorischen Informationen der Haut, Meldungen über die räumliche Position des Zielorgans und seiner Stellung im Vergleich zu benachbarten Organen notwendig, sowie die mentale Repräsentation der Zielbewegung. Die entscheidende Referenz bilden somit spezifische somatosensorische Afferenzen, die gleichzeitig an die bewusste Vorstellung der Bewegung geknüpft sind (Ziegler 2003a). Die *parasprachlichen Bewegungen* benötigen dagegen eine auditive Rückkoppelung. Auf die Velumhebung und die laryngealen Adduktionsmechanismen ist kein direkter willkürlicher Zugriff möglich. Bei der Aufforderung, das Gaumensegel zu heben oder die Stimmbänder zu schließen, würden die Patienten ziemlich ratlos reagieren. Wir besitzen keine mentale Repräsentation dieser Organe. Die Willkürbewegungen des Velums und der Glottis werden primär über die Phonation geprüft. Der Referenzrahmen ist deshalb an auditiv-sensorische Afferenzen gebunden. Ähnlich verhält es sich beim *Sprechen*. Damit die Kommunikation funktioniert benötigen wir eine verständliche Sprechweise. Unsere Phonemproduktion kontrollieren wir über das Gehör und nicht über bewusstes korrektes Positionieren der Artikulationsorgane. Dies beschreibt Guenther (1995, zitiert nach Ziegler 2003a) in seinem „neuralen Netzwerkmodell der Sprechproduktion" sowohl für den Lauterwerb als auch für die Lautproduktion. Die Rolle des auditiven Feedbacks dokumentieren eindrucksvoll Versuche über die Kompensationsmechanismen bei beeinträchtigten Artikulationsorganen. Wird beispielsweise die Aufwärtsbewegung der Unterlippe bei der Bildung eines bilabialen Lautes mechanisch behindert, kompensieren andere beteiligte Artikulatoren mit nur geringer zeitlicher Verzögerung die Störung (Gracco & Abbs 1985). Dementsprechend funktionieren nach den Ergebnissen von Callan et al. (2000) auch die entwicklungsbedingten Anpassungsme-

chanismen. Größen- und Formveränderungen der Artikulatoren werden ebenfalls auf der Basis des auditiven Feedbacks reguliert.

Somit zeigt sich deutlich die Spezialisierung hinsichtlich der sensorischen Prozesse. Welche Wahrnehmungsmodalitäten beziehungsweise deren Subsysteme
primär für die Kontrolle der oralmotorischen und laryngopharyngealen Bewegungen benutzt werden, hängt von der spezifischen Bewegungsaufgabe und deren funktionellem Ziel ab. Bei Beeinträchtigungen kann es zu Verschiebungen
kommen. Hier orientiert sich die Wahl notgedrungen daran, welche sensorischen
Afferenzen noch zur Verfügung stehen.

2.4.3 Konsequenzen für die klinische Dysphagie-Diagnostik

Aus dem Resultat der vorliegenden Untersuchung, das durch die obigen Diskus-
sionsbeiträge unterstützt wird, ergeben sich direkte Konsequenzen für die klinische Dysphagiediagnostik.

Ursprünglich haben wir angenommen, dass gestörte schluckrelevante nicht-
sprachliche/parasprachliche Willkürbewegungen die Schluckpathologie widerspiegeln. Mit Ausnahme der willkürlichen Velumhebung scheinen nach den vorliegenden Daten die geprüften oralmotorischen Bewegungen kein valides Diagnosekriterium für den Ausprägungsgrad der Schluckstörung darzustellen. Die
bisherigen Vorstellungen beruhen, wie Ziegler (2003a) zu Recht kritisiert, auf
der schlichten Denkweise, dass sich ein Bewegungsmuster aus einzelnen Seg-
menten zusammenfügt. Der Schluckprozess beinhaltet jedoch hoch-koordinierte
Bewegungsfolgen, die sich den jeweiligen Boluseigenschaften und anatomischen Gegebenheiten exakt anpassen. Das Bewegungsprogramm wird ohne willentlichen Einfluss primär von den medullären Schluckzentren generiert und
durch kortikale Areale moduliert. Willkürlich gesteuerte, isolierte Lippen-, Kie-
fer-, Zungen- oder Stimmlippenbewegungen können verständlicherweise wenig
darüber aussagen, wie sich dieselben Organe während des Speichelschluckens
oder beim Essen und Trinken verhalten. Dasselbe gilt für sprechmotorische
Funktionen (Wort- und Satzreihen mit schluckrelevanten Artikulationszielen),
die in manchen Dysphagietests ergänzend durchgeführt werden.

Eine gesonderte Bewertung kommt der „gurgelnden" Stimmqualität zu. Das Merkmal wird im Rahmen der klinischen Dysphagiediagnostik während der direkten Schluckprobe (Speichelschlucken, Ess- und Trinkprobe) geprüft. Nach den vorliegenden Daten weist dieses Symptom mit hoher Wahrscheinlichkeit auf eine Dysphagie hin.

Dennoch hat die Prüfung der nichtsprachlichen/parasprachlichen willkürlichen Einzelbewegungen in mehrfacher Hinsicht eine eigenständige Bedeutung. Sie spielt in der neurologischen Diagnosestellung eine unverzichtbare Rolle. Die selektiven Bewegungen geben Auskunft darüber, ob eine einseitige oder beidseitige Hirnnervenparese oder apraktische Bewegungsstörungen vorliegen. Im Vergleich mit der Ruhebeobachtung und mit reflektorischen Bewegungen lassen sich die Merkmale peripherer und zentraler Schädigungen definieren. Die entsprechenden Beurteilungskriterien sind in Tabelle 2.11 zusammengefasst.

Tabelle 2.11: Unterscheidungsmerkmale peripherer und zentraler Bewegungsstörungen der Schluck- und Sprechorgane nach Schröter-Morasch (1998).

Beurteilungskriterium	Periphere Bewegungsstörung	Zentrale Bewegungsstörung
Willkürbewegungen	Aufgehoben oder beeinträchtigt	Aufgehoben oder beeinträchtigt
Reflektorische und emotionale Bewegungen	Aufgehoben oder beeinträchtigt	Erhalten
Muskeltonus	Erniedrigt	Anfangs erniedrigt, später erhöht
Muskelatrophie	Bei längerem Bestehen vorhanden, an der Zunge möglicherweise Ausbildung eines Sulkus	Nicht vorhanden
Faszikulationen	Möglicherweise vorhanden	Nicht vorhanden
Hyperkinesen	Nicht vorhanden	Möglicherweise vorhanden

Letzteres hat Einfluss auf die Therapie-Rahmenplanung und die bestimmt die Auswahl geeigneter restituierender (indirekter) Therapiemethoden (Übersichten in Groher 1997, Logemann 1998, Bartolome 1999e, f). So können beispielsweise bei zentralen Bewegungsstörungen die tonusreduzierenden Maßnahmen eine wichtige Rolle spielen, während bei peripheren Paresen meist tonuserhöhende

Strategien eingesetzt werden. Darüber hinaus kann die Bewertung spezifischer-schluckrelevanter Einzelbewegungen, je nach therapeutischer Intention die For-mulierung der Therapiefeinziele mitbestimmen (siehe Kapitel 2.4.4).

Für die Einbeziehung von sprechmotorischen Bewegungen in die klinische Dysphagiediagnostik gibt es aufgrund der Dissoziationen der beiden Funktions-systeme auch nach Meinung anderer Autoren (Kennedy, Pring & Fawcus 1993) keine plausible Begründung.

Für die klinische Diagnostik neurogener Dysphagien ergeben sich fol-gende Konsequenzen:

- Nichtsprachliche/parasprachliche Willkürfunktionen
  - ➢ Die Prüfung selektiver willkürlicher Lippen-, Zungen-, Kiefer-bewegungen und der motorischen Stimmparameter stellt kein valides Diagnosekriterium für die Einschätzung dysphagischer Störungen dar
  - ➢ Die gestörte willkürliche Velumhebung gilt nach den vorliegen-den Ergebnissen als Prädiktor der Dysphagie
  - ➢ Die Beurteilung der nichtsprachlichen/parasprachlichen Will-kürbewegungen besitzt im Sinne einer neurologischen Diagnose einen eigenen Stellenwert und kann somit therapeutische Ent-scheidungen beeinflussen
- Gurgelnde Stimmqualität
  - ➢ Die gurgelnde Stimmqualität weist mit hoher Wahrscheinlich-keit auf eine Dysphagie mit Penetrations-/Aspirations-symptomatik hin
- Sprechen
  - ➢ Die Überprüfung sprechmotorischer Leistungen (Wort-, Satzrei-hen) scheint für die klinische Dysphagiediagnostik nicht rele-vant

2.4.4 Perspektiven für die Therapie

Kritische Bewertung holistischer Theorien und Behandlungsprinzipien

Liegen tatsächlich spezialisierte Kontrollprozesse vor, ist die theoretische Basis so genannter holistischer Therapieansätze in Frage gestellt.die ganzheitlichen Therapiemethoden beruhen auf folgenden Grundprinzipien:

(1) Die Bewegungsentwicklung und Kontrolle unterliegt entwicklungshierarchisch strukturierten, gemeinsamen Steuerungsprozessen

(2) Eine neurogene motorische Störung ist als Teil einer ganzkörperlichen Problematik zu sehen

(1) Nach dieser Vorstellung wird Bewegungsentwicklung als zunehmende kortikale Kontrolle über die evolutionär älteren Funktionen aufgefasst. So bilden die frühen Saug- und Beißreflexe die Vorstufe zum höher entwickelten Kaureflex, der wiederum die Basis für die Entwicklung des Sprechens schaffen soll (Crickmay 2001, Bobath & Bobath 1998, McNeilage 1998, McNeilage & Davis 2000). Werden die Stufen der Bewegungsentwicklung nicht eingehalten, kann nach dieser Ansicht die Entwicklung höherer Funktionen nicht erfolgen. Die Anbahnung des physiologischen Schluckens hat demnach eine zentrale Bedeutung. Kompensatorische Schlucktechniken, die die natürliche Bewegungsentwicklung stören, passen nicht in dieses Konzept.

Gegen diese Ansicht spricht zum einen die Eigenständigkeit des Schluckprozesses, die am eindrucksvollsten durch die Existenz der schluckspezifischen Pattern Generators belegt wird. Demnach kann Schlucken nicht die Basis für so genannte höher entwickelte Funktionen darstellen. Zum anderen beinhaltet der Schluckvorgang selbst eine hoch differenzierte, sehr spezifische Bewegungsfolge. Interessanterweise ist der menschliche Fötus bereits zu Beginn des dritten intrauterinen Lebensmonats dazu fähig (Miller 1999). Zu diesem Zeitpunkt sind weder die sensiblen Afferenzen noch die kortikobulbären Bahnen ausgereift. Bereits unmittelbar nach der Geburt kann das gesunde Baby problemlos Nahrung schlucken, obwohl weder die posturale Kontrolle noch die orale Willkürmotorik entwickelt ist. Das Schluckmuster wandelt sich zwar im Laufe der

nächsten Monate, vermutlich im Zuge der Anpassung an die veränderten anatomischen Gegebenheiten und die Verschiedenartigkeit der Nahrung. Aber das
koordinierte Schlucken des Fötus und des Neugeborenen zeigt, dass zeitlich fein
aufeinander abgestimmteBewegungsfolgen bereits zu Beginn der menschlichen
Entwicklung vorhanden sind. Damit wird die Theorie der entwicklungs- bedingten Bewegungshierarchie der oralmotorischen Funktionen in Frage gestellt.

(2) Wird ein entwickeltes Gehirn geschädigt, kommt es aus ganzheitlicher Sicht
zu generellen sensomotorischen Störungen und damit zu komplexen pathologischen Bewegungsmustern. Demzufolge wird eine neurogene Schluckstörungals
Ausdruck einer ganzkörperlichen Problematik betrachtet. Holistische facioorale
Therapiekonzepte integrieren in ihre überwiegend stimulative Vorgehensweise
verschiedene oralmotorische Funktionsbereiche. Ob diese Zielsetzung Erfolg
versprechend ist, kann derzeit nicht beantwortet werden. Fraglich ist zumindest
der theoretische Hintergrund. Wir wissen, dass es bei Läsionen an bestimmten
Schaltstellen und bei schweren Hirnverletzungen zu Beeinträchtigungen mehrerer Funktionssysteme kommt. Logischerweise lässt dies nicht den Umkehr-
schluss auf eine ganzkörperliche Problematik zu. Dies wird umso deutlicher, da
selbst schwere Beeinträchtigungen eines motorischen Funktionssystems nicht
zwingend zu Störungen eines verwandten Systems führen.

Kritische Bewertung nichtsprachlicher/parasprachlicher und sprechmotorischer Bewegungsaufgaben

Nichtsprachliche/parasprachliche und sprachliche Aufgaben werden häufig in
der Dysphagietherapie angewendet. Sie spielen selbst in den störungsspezifischen Vorgehensweisen eine wichtige Rolle. Da die verschiedenen Funktionsbereiche des orofacialen und laryngopharyngealen Systems offensichtlich dissoziieren, stellt sich die entscheidende Frage, ob durch diese Übungen der Schluckprozess entscheidend beeinflusst werden kann. Einige Argumente sprechen dennoch dafür.

Für die nichtsprachlichen/parasprachlichen Bewegungsaufgaben gibt es drei In-
dikationsbereiche:

1. Das Training gestörter Willkürbewegungen außerhalb des Schluckvorganges zur Wiederherstellung der Bewegungsfunktion
2. Die Integration von intakten willkürlichen Bewegungssequenzen in den
   Schluckprozess zur Regulation und Kompensation

Beobachtet man beeinträchtigte Willkürfunktionen am Schlucken beteiligter
Muskeln und treten beim Schlucken vergleichbare Bewegungsstörungen auf,
erscheint es nahe liegend diese zu trainieren. Zum einen versucht man durch die
Übungen außerhalb des Schluckvorganges die biomechanischen Voraussetzungen für beide Funktionssysteme zu verändern, zum anderen hofft man durch das
Training der gestörten Willkürfunktionen die Referenzbedingungen für die Wiederherstellung des Schluckens zu verbessern. Für eine intakte Motilität sind die
biomechanischen Komponenten ausreichende Muskellänge, Kraftentfaltung und
Ausdauer die Grundvoraussetzung. Dies ist hinlänglich aus dem Gebiet des
Sports und der Orthopädie bekannt und gilt in gleicher Weise für Patienten mit
peripheren oder zentralen Paresen (Freivogel 1997). Leider gibt es bislang für
neurologisch bedingte sensomotorische Störungen keine Daten über den Trai-
ningseffekt und den Leistungstransfer von einer Modalität in die andere. Wir
vermuten, dies wird auch durch die Trainingswissenschaften bestätigt, dass unter optimalen Bedingungen eine Bewegungsfunktion als Referenzrahmen für
andere Funktionssysteme desselben Muskelapparates fungieren kann. Dies erfordert ein sehr spezifisches Vorgehen. Zweifellos tragen basale Maßnahmen,
wie beispielsweise der Haltungsaufbau und die Positionierung in einer relaxierten Ausgangslage dazu bei, die freie Beweglichkeit der Schluckmuskulatur zu
erleichtern. Andererseits muss eine intakte Kopf-Rumpf-Kontrolle nicht die
zwingende Voraussetzung für den Beginn der Schlucktherapie darstellen. Symp-
tomfreies Schlucken ist auch unabhängig von Beeinträchtigungen der postura-
len Kontrolle möglich.

Sind die oralmotorischen Willkürbewegungen intakt, besteht die Möglichkeit
diese unmittelbar in den Schluckvorgang zu integrieren. Dies ist sowohl in der
oralen als auch in der pharyngealen Schluckphase möglich. Hat beispielsweise
ein Patient mit Hypoglossusparese die willkürliche Zungenspitzenhebung wieder erlernt, schafft dies aber zur Einleitung der oralen Schluckphase nicht, ver-

sucht man einen Transfer durch die willkürliche Initiierung. Die Bewegungsauf-
forderung lautet dann möglicherweise: „Mit der Zungenspitze am vorderen
Gaumen starten und schlucken". Die Zielbewegung mussgegebenenfalls durch
zusätzliche Stimuli unterstützt werden, z.b. mit der Zungenspitze einen Gummi-
ring an den vorderen Gaumen drücken und dabei schlucken usw. Erstaunlicherweise gelingt auch während der reflektorischen pharyngealen Phase eine Modulation durch die Willkürmotorik. Kommt es beispielsweise durch ungenügende
Larynxhebung zu Störungen des pharyngealen Bolustransportes, lernen die Patienten denKehlkopf während des Schluckens willkürlich oben zu halten (siehe
Mendelsohn-Technik, Kapitel 1.7.1). Weitere Beispiele für die willkürliche Beeinflussung der reflektorischen Schluckphase finden sich bei den kompensatorischen Schlucktechniken (Logemann 1998, Bartolome 1999e). Die unmittelbare
Integration von willkürlichen Bewegungselementen in den Schluckvorgang ist
verständlicherweise nur auf der nichtsprachlichen Ebene möglich. Allerdings
werden häufig parasprachliche Bewegungen (Einzelphoneme, Silben) eingesetzt, um den bewussten Zugriff auf nichtsprachliche Bewegungen zu erleichtern. Dies trifft insbesondere für Vorgänge zu, die visuell nicht im vollem Um-
fang erfassbar sind, beispielsweise für die Zungenspitzenhebung an den vorderen Gaumen, die Zungenrückenhebung, die Zungenschüsselbildung, den Stimm-
bandschluss usw. Entsprechend werden die geeigneten Artikulations- und Pho-
nationsübungen durchgeführt, um dann in die nichtsprachliche Ebene überzulei-
ten. Die Wirksamkeit der Integration von nichtsprachlichen willkürlichen Bewegungen zur Regulation und Kompensation des gestörten Schluckprozesses
kann mithilfe der videoendoskopischen und radiologischen Schluckdiagnostik
unmittelbar nachgewiesen werden. Dies ist durch zahlreiche Studien belegt.

Der Einsatz nichtsprachlicher/parasprachlicher Willkürbewegungen in der Dysphagietherapie erscheint unter folgender Zielsetzung sinnvoll:

- Training gestörter nichtsprachlicher/parasprachlicher Willkürbewegungen außerhalb des Schluckvorganges (restituierende/indirekte Therapie):
  - ➢ Schaffen der muskulären Voraussetzungen, um ein Bewegungsziel zu erreichen
  - ➢ Schaffen möglicher Referenzbedingungen für die Wiederherstellung des normalen physiologischen Schluckablaufs
- Integration intakter nichtsprachlicher Willkürbewegungen in den Schluck-prozess (kompensatorische/direkte Therapie):
  - ➢ Unmittelbare willkürliche Steuerung des oropharyngealen Schluck-prozesses

Es wäre übereilt zu behaupten, dass die Einbeziehung von gezielten Sprech-übungen (Wort- und Satzreihen) keinen positiven Effekt auf die Schluckstörung bewirken kann. Abgesehen von parasprachlichen Bewegungen, die häufig zum Erlernen spezieller nichtsprachlicher Einzelbewegungen eingesetzt werden, wis-sen wir derzeit nicht, ob Sprechübungen als Referenzrahmen zur Anbahnung normaler Schluckbewegungen dienen können. Die Komplexität und Spezialisie-rung der sprechmotorischen Steuerung spricht eher dagegen.

Der Einsatz von Sprechbewegungen erfordert eine kritische Bewertung:

- Ob Sprechbewegungen den Referenzrahmen für Schluckbewegungen bil-den können, ist nicht geklärt
- Eine unmittelbare Integration von Sprechbewegungen in den Schluckpro-zess ist nicht möglich

Offen bleibt die Frage, ob therapeutische Interventionen tatsächlich zu einer Veränderung der zentralen Steuerungsprozesse und zu nachhaltigen neuronalen Umgestaltungen führen. Aus klinischer Sicht erscheinen zumindest die Thera-pieergebnisse stabil. Dies konnten Bartolome et al. (1997) in einer Studie zum Langzeitoutcome bei neurogenen Dysphagien belegen. Den neuroanatomischen

Nachweis über die Plastizität des Schluckkortex lieferten Hamdy et al. (1998) mittels TMS-Studien an Patienten mit einseitigen Großhirninfarkten. Bei Probanden mit guter Rückbildungstendenz zeigte sich nach einem und nach drei Monaten eine Vergrößerung des pharyngealen kortikalen Schluckareals in der gesunden Hemisphäre. Die Befunde geben Anlass zu der Hoffnung, dass die Reorganisationsprozesse auf neuronaler Ebene nachhaltig durch therapeutische Interventionen aktiviert und beschleunigt werden können. Bei Störungen der Körpermotorik und bei Sprachstörungen ist mittels PET beziehungsweise durch TMS eindeutig nachgewiesen worden, dass übungsabhängige Reorganisationsprozesse in kortikalen Arealen stattfinden (Liepert et al. 2000, Musso et al. 1999).

.

3 Zusammenfassung und Ausblick

Es gibt viele Hinweise, die belegen, dass die verschiedenen orofacialen Funktionssysteme unabhängig voneinander gesteuert werden. In der vorliegenden Arbeit wurde zum ersten Mal die Frage des Zusammenhangs zwischen nichtsprachlichen/parasprachlichen Willkürbewegungen und Schlucken bei neurologisch erkrankten Patienten untersucht. Diese ersten Ergebnisse sprechen für eine Unabhängigkeit der beiden Funktionssysteme. Bezüglich der Sprechstörungen konnten bisherige Resultate über die Dissoziation zwischen neurogenen Schluck- und Sprechstörungen bestätigt werden. Das Untersuchungsergebnis ist ausschließlich für neurologische Störungen relevant. Bei strukturellen Läsionen der ausführenden Organe kommt es meist zu assoziierten Störungen, wobei im Vergleich der Funktionssysteme unterschiedliche Schweregradausprägungen und differierende Remissionsverläufe zu beobachten sind. Im Hinblick auf die Dysphagiediagnostik erzwingen die vorliegenden Ergebnisse eine kritische Interpretation der Willkürbewegungen am Schlucken beteiligter Organe. Die Testung dieser Items besitzt zwar im Sinne einer neurologischen Prüfung und als Grundlage für therapeutische Entscheidungen ihre eigene Wertigkeit, erlaubt jedoch keine Rückschlüsse auf den Ausprägungsgrad einer möglichen dysphagischen Störung. Der Nutzen von schlucktherapeutischen Konzepten, die auf ganzheitlichen Prinzipien beruhen und von störungsspezifischen Verfahren, die schluckrelevante Willkürbewegungen einsetzen, muss entsprechend differenziert bewertet werden. Für die weitere Forschung wären prospektive Untersuchungen an einer größeren, randomisierten Stichprobe wünschenswert. Dies stößt jedoch auf ein ethisches Problem, da eine radiologische Schluckuntersuchung selbstverständlich nur bei begründetem Verdacht auf Dysphagie durchgeführt wird. Da die orale Schluckphase der Willkürkontrolle unterliegt und die pharyngeale Phase ausschließlich reflektorisch gesteuert wird, hätte eine Trennung in phasenspezifische Störungsschwerpunkte möglicherweise zu anderen Ergebnissen geführt. Hierfür war die Stichprobe zu klein, da generell gemischte Störungsbilder dominieren.

Zum Schluss sei noch eine kritische Bemerkung zu den Grenzen der empirischen Wissenschaft angefügt. Die Frage nach dem Zusammenhang zwischen Beeinträchtigungen oralmotorischer Willkürbewegungen und Dysphagie geht von zwei Möglichkeiten aus: Es ist entweder ein Zusammenhang vorhanden oder dieser existiertnicht. Die Forschungsergebnisse zur „Plastizität" des menschlichen Gehirns belegen jedoch, dass bei cerebralen Verletzungen Funktionen bestimmter Hirnbereiche von Arealen übernommen werden, die von der Evolution dafür nicht bestimmt waren. Es erscheint paradox, dass eine bestimmte Hirnstruktur sich reorganisieren kann, um die Funktionen eines geschädigten Gewebes zu übernehmen, während die ursprünglichen spezifischen Aufgaben auch noch zu erfüllen sind. Vermutlich beinhalten wandelnde Prozesse stets auch Widersprüche. Unsere analytische Denkweise, die die Axiome der Logik als naturgegeben betrachtet, stößt damit an ihre Grenzen. Möglicherweise ist das „Tertium non datur" (Es gibt kein Drittes: Jede Aussage ist entweder wahr oder falsch) der aristotelischen Regeln nicht die geeignete Form für die Bewertung komplexer neuronaler Prozesse.

Literaturverzeichnis

Affolter, F. & Bischofsberger, W. (2001): Wenn die Organisation des zentralen Nervensystems zerfällt und es an gespürter Information mangelt. Villingen-Schwenningen.

Affolter, F. (1996): Wahrnehmung, Wirklichkeit und Sprache (2. Aufl.). Villingen-Schwenningen.

Alberts, M.J., Horner, J., Gray, L. et al. (1992): Aspiration after stroke: lesion analysis by brain MRI. In: Dysphagia 7, 170-173.

Ali, G.N., Wallace, K.L., Schwartz, R. et al. (1996): Mechanisms of oral-pharyngeal dysphagia in patients with Parkinson`s disease. In: Gastroenterol 110, 383-392.

Amarenco, P. & Hauw, J.J. (1990): Cerebellar infarction in the territory of the anterior and inferior cerebellar artery. A clinicopathological study of 20 cases. In: Brain 113, 139-155.

Amarenco, P. Chevrie-Müller, C., Roullet, E. et al. (1991): Paravermal infarct and isolated cerebellar dysarthria. Ann Neurol 30, 211-213.

Aviv, J.E., Jones, M.E., Wee, T.A. et al. (1994): Age-related changes in pharyngeal and supraglottic sensation. In: Ann Otol, Rhinol, Laryngology 103, 749-752.

Bartolome G. (1993): Die funktionelle Therapie neurologisch bedingter Schluckstörungen. In: Bartolome, G. et al.: Diagnostik und Therapie neurologisch bedingter Schluckstörungen. Jena, New York, 119-192.

Bartolome G. (1999a): Funktionelle Dysphagietherapie (FDT). In: Sprache-Stimme-Gehör 23, 35-44.

Bartolome, G. & Schröter-Morasch, H. (2002): Dysphagien. In: Grohnfeldt, M. (Hrsg.): Lehrbuch der Sprachheilpädagogik und Logopädie, Band 3: Diagnostik, Prävention und Evaluation. Stuttgart, Berlin, Köln, 330-341.

Bartolome, G. (1995): Schluckstörungen – Funktionelle Behandlungsmethoden. In: Logos Interdisziplinär 3, 164-176.

Bartolome, G. (1999b): Physiologie des Schluckvorganges. In: Sprache-Stimme-Gehör 23, 3-6.

Bartolome, G. (1999c): Schluckstörungen. In: Frommelt, P. & Grötzbach, H. (Hrsg.): Neurorehabilitation. Berlin, Wien, 195-204.

Bartolome, G. (1999d): Funktionelle Dysphagietherapie bei onkologischen Kopf-Hals-Erkrankungen. In Bartolome, G. et al.: In: Bartolome, G. et al.: Schluckstörungen – Diagnostik und Rehabilitation (2. Aufl.). München, Jena, 297-305.

Bartolome, G. (1999e): Funktionelle Dysphagietherapie bei speziellen neurologischen Erkrankungen. In Bartolome, G. et al.: In: Bartolome, G. et al.: Schluckstörungen – Diagnostik und Rehabilitation (2. Aufl.). München, Jena, 278-296.

Bartolome, G. (1999f): Grundlagen der funktionellen Dysphagietherapie (FDT). In: Bartolome, G. et al.: Schluckstörungen – Diagnostik und Rehabilitation (2. Aufl.). München, Jena, 179-277.

Bartolome, G. (1999g): Klinische Eingangsuntersuchung bei Schluckstörungen. In: Bartolome, G. et al.: Schluckstörungen – Diagnostik und Rehabilitation (2. Aufl.). München, Jena, 141-155.

Bartolome, G. (2001): Dysphagien. In: Grohnfeldt, M. (Hrsg.): Lehrbuch der Sprachheilpädagogik und Logopädie, Band 2: Erscheinungsformen und Störungsbilder. Stuttgart, Berlin, Köln, 330-336.

Bartolome, G. (2003): Dysphagien. In: Grohnfeldt, M. (Hrsg.): Lehrbuch der Sprachheilpädagogik und Logopädie, Band 4: Beratung, Therapie und Rehabilitation. Stuttgart, Berlin, Köln.

Bartolome, G., Buchholz D.W., Feussner, H. et al. (1999): Schluckstörungen – Diagnostik und Rehabilitation (2. Aufl.). München, Jena.

Bartolome, G., Buchholz D.W., Hannig, Ch. et al. (1993): Diagnostik und Therapie neurologisch bedingter Schluckstörungen. Stuttgart, Jena, New York.

Bartolome, G., Prosiegel, M. & Yassouridis, A. (1997): Long-term functional outcome in patients with neurogenic dysphagia. In: NeuroRehabil 9, 195-204.

Bartolome, G., Schröter-Morasch, H., Höfer, B. et al. (2000): Pro & Contra: Dysphagiebehandlung – allein Aufgabe der LogopädInnen? In: Forum Logopädie 4, 3.

Bass, N.H. (1997): The neurology of swallowing. In: Groher, M.E. (ed.): Dysphagia – diagnosis and management (3rd ed.). Boston, Oxford, Johannesburg, 7-35.

Bassotti, G.K., German, U., Pagliarici, S. et al. (1998): Esophageal manometric abnormalities in Parkinsons's disease. In: Dysphagia 13, 28-31.

Bastian, R.W. (1991): Videoendoscopic evaluation of patients with dysphagia: an adjunct to the modified barium swallow. In: Otolaryngol Head Neck Surgery 104, 339-350.

Bath, P.M.W., Bath F.J. & Smithard, D.G. (2002): Interventions for dysphagie in acute stroke (Cochrane Review). In: The Cochrane Library, Issue 4, 2002. Oxford:Update Software.

Baum, S. Güntner, S, Hannig, C. et al. (1988): Bariumsulfat-Gelatinekugeln zur Röntgendiagnostik. In: Pharmazie 20, 30-31.

Besson, G., Bogousslavsky, J. Regli, F. et al. (1991): Acute pseudobulbar or suprabulbar palsy. In: Arch Neurol 48, 501-507.

Bisch, E.M., Logemann, J.A., Rademaker, A.W. et al. (1994): Pharyngeal effects of bolus volume, viscosity, and temperature in patients with dysphagia resulting from neurologic impairment and innormal subjects. In J Speech Hear Res 37, 1041-1049.

Blonsky, E.R., Logemann, J.A., Boshes, B. et al. (1975): Comparison of speech and swallowing function in patients with tremor disorders and in normal geriatric patients : a cinefluorographic study. In: J Gerontol 30, 299-303.

Bobath, B. & Bobath, K. (1998): Die motorische Entwicklung bei Zerebralparesen (5. Aufl.). Stuttgart, New York.

Bobath, B. (1990): Adult hemiplegia – evaluation and treatment (2nd ed.). London.

Bortz, J. (1999): Statistik für Sozialwissenschaftler (5. Aufl.). Berlin, Heidelberg, New York.

Brühlmann, W. (1990): Röntgendiagnostik des pharyngoösophagelen Übergangs. In: Arch Oto-Rhino-Laryngology Suppl I, 87-106.

Buchholz, D.W. & Prosiegel, M. (1999):Neurologisch bedingte Schluckstörungen. In: Bartolome, G. et al.: Schluckstörungen – Diagnostik und Rehabilitation (2. Aufl.). München, Jena.

Buchholz, D.W. (1993): Clinically-probable brainstem stroke presenting primarily as dysphagia and nonvisualized by MRI. In: Dysphagia 8, 235-238.

Buchholz, D.W. (1997): Neurologic disorders of swallowing: In: Groher, M.E. (ed.): Dysphagia (2nd ed.). Boston, Oxford, Johannesburg, 37-72.

Bülow, M., Olsson, R., Ekberg, O. (2001): Videomanometric analysis of supraglottic swallow, effortful swallow, and chin tuck in patients with pharyngeal dysfunction. In: Dysphagia 16, 190-195.

Bülow, M., Olsson, R., Ekberg, O. (2002): Supraglottic swallow, effortful swallow, and chin tuck did not alter hypopharyngeal intrabolus pressure in patients with pharyngeal dysfunction. In: Dysphagia 17: 197-201.

Bushmann, MM, Dobmeyer, S.M., Leeker, L. et al. (1989): Swallowing abnormalities and their response to treatment in Parkinson's disease. In: Neurology 39, 1309-1314.

Callan, D.E., Kent, R.D., Guenther, F.H. et al. (2000): An auditory-feedback-based neural network model of speech production that is robust to developmental changes in the size and shape of the articulatory system. In: J Speech Lang Hear Res 43, 721-736.

Castell, J.A., Castell, D.O., Schultz, A.R. et al. (1993): Effect of head position on the dynamics of upper esophageal sphincter and pharynx. In: Dysphagia 8, 1-6.

Celifarco, A., Gerard, G., Faegenburg, D. et al. (1990): Dysphagia as the sole manifestation of bilateral strokes. In: Am J Gastroenterol 85, 610-613.

Chandler, S.H. & Tal, M. (1986): The effects of brainstem transactions on the neuronal networks responsible for rhythmical jaw muscle activity in the guinea pig. In: J Neuroscience 6, 1831-1842.

Chee, M.W., Tan, C.B. & Tjia, H.T. (1990): Persistent mutism and dysphagia of acute onset due to bilateral internal capsule infarction. In: Ann Acad Med Singapore 19, 393-395.

Chen, M.Y., Donofrio, P.D., Frederick, M.G., et al. (1996): Videofluoroscopic evaluation of patients with Guillain-Barre syndrome. In: Dysphagia 11, 11-13.

Cichero, J.A.Y. & Murdoch, B.E. (1998): The physiologic cause of swallowing sounds: answers from heart sounds and vocal tract acustics. In: Dysphagia 13, 39-52.

Collodny, N. (2000): Comparison of dysphagics and nondysphagics on pulse oximetry during feeding. In: Dysphagia 15, 68-73.

Cook, I.J., Dodds, W.J., Dantas, R.O. et al. (1989): Opening mechanism of the human upper esophageal sphincter. In: Am J Physiol 257, G748-G759.

Coombes, K. (1996): Von der Ernährungssonde zum Essen am Tisch. In: Lipp, B. & Schlaegel, W. (Hrsg.): Wege von Anfang an – Frührehabilitation schwerst hirngeschädigter Patienten. Villingen-Schwenningen, 137-151.

Crary, M.A. & Groher, M.E. (2003): Introduction to adult swallowing disorders. St. Louis, Missouri.

Crary, M.A. (1995): A direct intervention program for chronic neurogenic dysphagia secondary to brainstem stroke. In: Dysphagia 10: 6-18.

Crickmay, M.C. (2001): Sprachtherapie bei Kindern mit zerebralen Bewegungstörungen auf der Grundlage der Behandlung nach Bobath (7. Aufl.). Berlin.

Daniels S.K., Brailey, K.B., Priestly, D.H. et al. (1998): Aspiration in patients with acute stroke. In: Arch Phys Med Rehabil 79, 14-19.

Daniels, S.K. & Foundas, A.L. (1999): Lesion lokalization in acute stroke patients with risk of aspiration. J Neuroimaging 9, 91-98.

Daniels, S.K. (2000a): Optimal patterns of care for dysphagic stroke patients. Seminars in Speech and Language 21, 323-331.

Daniels, S.K. (2000b): Swallowing apraxia: A disorder of the praxis system? In: Dysphagia 15, 159-166.

Daniels, S.K., Brailey, K. & Foundas, A.L. (1999): Lingual discoordination and dysphagia following acute stroke: analysis of lesion localization. In: Dysphagia 14, 85-92.

Dantas, R.O. & Dodds, W.J. (1990): Effect of bolus volume and consistency on swallow-induced submental and infrahyoid electromyographic activity. In: Brazilian Journal of Medical and Biological Research 23, 37-44.

Davies, P.M.D. (1995): Wieder aufstehen. Berlin, Heidelberg, New York.

Dobrinski, W. (1999): Radiologische Diagnostik von Schluckstörungen. In: Sprache-Stimme-Gehör 23, 24-28.

Dodds, W., Taylor, A.J., Stewart, E.T. et al. (1989): Tipper and dipper types or oral swallows. In: Am J Roentgenology 153, 1197-1199.

Dodds, W.J., Man, K.M., Cook, I.J. et al. (1988): Influence of bolus volume on swallowe-induced hyoid movement in normal subjects. In: Am J Roentgenology 150, 1307-1309.

Drake, W.O., O'Donoghue, S., Bartram, C. et al. (1997): Eating in side lying facilitates reha-bilitation in neurogenic dysphagia. In: Brain Injury 11, 137-142.

Ekberg, O., Olsson, R. & Sundgren-Borgstrom, P. (1988): Relation of bolus size and pharyn-geal swallow. In: Dysphagia 3, 69-72.

Ertekin, C., Keskin, A., Kiylioglu, N. et al. (2001): The effect of head and neck positions on oropharyngeal swallowing: a clinical and electrophysiologic study. In: Arch Phys Med Rehabil 82, 1255-1260.

Feussner, H. (1999): Funktionsdiagnostik und Therapie ösophagealer Schluckstörungen. In: Bartolome, G. et al.: Schluckstörungen – Diagnostik und Rehabilitation (2. Aufl.). München, Jena, 313-325.

Flowers, C.R. & Morris; H.L. (1973): Oral-pharyngeal movements during swallowing and speech. In: Cleft Palate J 10, 181-191

Freivogel, S. (1997): Motorische Rehabilitation nach Schädelhirntrauma. München, Bad Kisssingen, Berlin, Düsseldorf, Heidelberg.

Fries, W. (1997): Motorische Defizite nach Schlaganfall und Prognose der Funktionorückbil-dung in Abhängigkeit von der Lokalisation der Infarkte. In: Neurol Rehabil 3, 205-212.

Fujiu, M. & Logemann, J.A. (1996): Effect of a tongue-holding maneuver on posterior wall movement during deglutition. In: Am J Speech Lang Pathol 5, 23-30.

Gallenberger, S. & Schröter-Morasch, H. (1999): Diagnostische und therapeutische Aspekte der Bronchoskopie bei aspirations-gefährdeten Patienten. In: Sprache-Stimme-Gehör 23, 32-34.

Garfinkle, T.J. & Kimmelmann, C.P. (1982): Neurologic disorders: Amyotrophic lateral scle-rosis, myasthenia gravis, multiple sclerosis, and poliomyelitis. In: Am J Otolaryngol 3, 204-212.

Garon, B.R., Engle, M. & Ormiston, C. (1996): Silent aspiration: results of 1.000 videofluoro-scopic swallow evaluations. In: J Neuro Rehab 10, 121-126.

Gisel, E.G., Alphonce, E. & Ramsay, M. (2000): Assessment of ingestive and oral praxis skills: children with cerebral palsy vs. controls. In: Dysphagia 15, 236-244.

Gisel, E.G., Applegate-Ferrante T., Benson et al. (1996): Oral-motor skills following sensorimotor therapy in two groups of moderately dysphagic children with cerebral palsy: aspiration vs nonaspiration. In: Dysphagia 11, 59-71.

Goldenberg, G. (1999): Neurologie des Schluckaktes. In: Sprache-Stimme-Gehör 23, 8-10.

Goodrich, S. & Walker, A.I. (1997): Clinical swallow evaluation. In: Leonard, R. & Kendall, K. (ed.): Dysphagia assessment and treatment planning. San Diego, London, 59-72.

Gracco, V.L. & Abbs, J.H. (1985): Dynamic control of the reioral system during speech: kinematic analysis of autogenic and nonautogenic sensorimotor processes. In: J Neurophysiology 54, 418-432.

Gratz, C. & Woite, D. (1999): Die Therapie des facio-oralen Traktes bei neurologischen Patienten. Idstein.

Groher, M.E. (Ed.) (1997): Dysphagia – diagnosis and management (3rd ed.). Boston, Oxford, Johannesburg.

Grohnfeldt, M. (Hrsg.) (2000): Lehrbuch der Sprachheilpädagogik und Logopädie, Band 1: Selbstverständnis und theoretische Grundlagen. Stuttgart, Berlin, Köln.

Grohnfeldt, M. (Hrsg.) (2001): Lehrbuch der Sprachheilpädagogik und Logopädie, Band 2: Erscheinungsformen und Störungsbilder. Stuttgart, Berlin, Köln.

Grohnfeldt, M. (Hrsg.) (2002): Lehrbuch der Sprachheilpädagogik und Logopädie, Band 3: Diagnostik, Prävention und Evaluation. Stuttgart, Berlin, Köln.

Grohnfeldt, M. (Hrsg.) (2003): Lehrbuch der Sprachheilpädagogik und Logopädie, Band 4: Beratung, Therapie und Rehabilitation. Stuttgart, Berlin, Köln.

Haberfellner H., Schwartz S. & Gisel G. (2001): Feeding skills and growth after one year of intraoral appliance therapy in moderately dysphagic children with cerebral palsy. In: Dysphagia 16, 83-96.

Hamdy, S., Aziz, Q., Rothwell, J.C. et al. (1996): the cortical topographie of human swallowing musculature in health and disease. In: Nature Medicine 2, 1217-1224.

Hamdy, S., Aziz, Q., Rothwell, J.C. et al. (1997): Explaining oropharyngeal dysphagia after unilateral stroke. In: Lancet 350, 686-692.

Hamdy, S., Aziz, Q., Rothwell, J.C. et al. (1998): Recovery of swallowing after dysphagic stroke relates to functional reorganization in the intact motor cortex. In: Gastroenterology 115, 1104-1112.

Hamdy, S., Mikulis, D.J., Crawley, A. et al. (1999a): Cortical activation during volitional swallowing: an event related fMRI study. In: Am J Physiol 277, G219-G225.

Hamdy, S., Rothwell, J.C., Brooks, D. J. et al. (1999b): Identification of the cerebral loci processing human swallowing with $H_2^{15}O$ PET activation. In: J Neurophysiology 81, 1917-1926.

Hamlet, S.L. (1989): Dynamic aspects of lingual propulsive activity in swallowing. In: Dysphagia 4, 136-145.

Hannig, C. & Wuttge-Hannig, A. (1999): Radiologische Diagnostik der Schluckfunktion. In: Bartolome, G. et al.: Schluckstörungen – Diagnostik und Rehabilitation (2. Aufl.). München, Jena, 65-110.

Hannig, C. (1995) : Radiologische Funktionsdiagnostik des Pharynx und Ösophagus. Berlin, Heidelberg, New York.

Hartelius, L.& Svensson, P. (1994): Speech and swallowing symptoms associated with Parkinson's disease and multiple sclerosis: A survey. In: Folia Phoniatrica Logopädia 46, 9-17.

Hedin-Andén, S. (1994): PNF – Grundverfahren und funktionelles Training. Stuttgart, New York.

Horner, J. & Massey, E.W. (1988): Silent aspiration following stroke. In: Neurology 38, 317-319.

Horner, J., Buoyer, F.G., Alberts, M.J. et al. (1991): Dysphagia following brain-stem stroke: clinical correlates and outcome. In: Archives of Neurology 48, 1170-1173.

Horner, J., Massey, W., Riski J. et al. (1988): Aspiration following stroke: clinical correlates and outcome. In: Neurology 38, 1359-1362.

Huckabee, M.L. & Cannito, M.P. (1999): Outcomes of swallowing rehabilitation in chronic brainstem dysphagia: a retrospective evaluation. In: Dysphagia 14, 93-109.

Huckabee, M.L. & Pelletier, C.A. (1998): Management of adult neurogenic dysphagia. San Diego, London.

Hurwitz, A.L., Duranceau, A. (1978): Upper esophageal shincter dysfunction, pathogenesis and treatment. In: Am J Dig Dis 275-281

Jacob, P., Kahrilas, P.J.,Logemann, J.A. et al. (1989) : Upper esophageal sphincter opening and modulation during swallowing. In: Gastroenterology 97, 1469-1478.

Jean, A. (1990): Brainstem control of swallowing: Localization and organization of the central pattern generator for swallowing. In: Taylor, A. (ed.): Neurophysiology of the jaws and teeth. London.

Jerusalem, F. (1979): Muskelerkrankungen. Stuttgart, New York.

Johnson, E.R., KcKienzie, S.W. & Sievers, A. (1993): Aspiration pneumonia in stroke. In: Arch Phys Med Rehabil 74, 973-976.

Jones, B. & Donner, M.W. (1991): Normal and abnormal swallowing: imaging in diagnosis and treatment. New York.

Jones, J. (1993): Risk and outcome of aspiration pneumonia in a city hospital. In: J Nat Med Assoc 85, 533-536.

Jueptner, M. & Weiler, C. (1998): A review of differences between basal ganglia and cerebellar control of movements as revealed by functional imaging studies. Brain 121, 1437-1449.

Kaatzke-McDonald, M.N., Post, E. & Davis, P.J. (1996): The effects of cold, touch, and chemical stimulation of the anterior faucial pillar on human swallowing. In: Dysphagia 11, 198-206.

Kagel, M.C. & Leopold, N.A. (1992): Dysphagia in Huntington's disease: a 16-year retrospective. In: Dysphagia 7, 106-114.

Kahrilas, P.J., Dodds, W.J., Dent, J. et al. (1988): Upper esophageal sphincter function during deglutition. In: Gastroenterology 95, 52-62.

Kahrilas, P.J., Lin, S., Logemann, J.A. et al. (1993): Deglutitive tongue action : volume accomodation and bolus propulsion. In: Gastroenterology 104, 152-162.

Kahrilas, P.J., Logemann, J.A., Krugler, C. et al. (1991): Volitional augmentation of upper esophageal sphincter opening during swallow. In: Am J Physiol 260, G450-G456.

Kendall, K.A., Leonard, R.J. & McKenzie S.W. (2003): Sequence variability during hypopharyngeal bolus transit. In: Dysphagia 18, 85-91.

Kennedy, G., Pring, T. & Fawcus, R. (1993): No place for motor speech acts in the assessment of dysphagia? Intelligibility and swallowing difficulties in stroke and Parkinson´s disease. In: European Journal of Disorders of Communication 28, 213-226.

Kennedy, J.G. & Kent, R.D. (1988): Physiological substrates of normal deglutition. In: Dysphagia 3, 24-37.

Kennedy, J.G. & Kuehn, D.P. (1989): Neuroanatomy of speech. In: Kuehn, D.P., Lemme, M.L. & Baumgartner J.M. (Eds.): Neural Basis of Speech, Hearing, and Language. Boston, Massachusetts, 111-145.

Kim, J.S. (1994): Pure dysarthria, isolated facial paresis, or dysarthria-facial paresis syndrome. In: Stroke 25, 1994-1998.

Knott, M. & Voss, D.E. (1968): Proprioceptive neuromuscular facilitation (2nd ed.). New York.

Kuehn, D.P., Lemme, M.L. & Baumgartner J.M. (1989) (Eds.): Neural Basis of Speech, Hearing, and Language. Boston, Massachusetts.

Kuhlemeier, K.V. (1994): Epidemiology and dysphagia. In: Dysphagia 9, 209-217.

Kuhlemeier, K.V., Palmer, J.B. & Rosenberg, D. (2001): Effect ofliquid bolus consistency and delivery method on aspiration and pharyngeal retention in dysphagia patients. In: Dysphagia 16, 119-122.

Lang, I.M., & Shaker, R. (1994): An update on the physiology of the components of the upper esophageal sphincter. In: Dysphagia 9, 229-232.

Langley, J. (1996): Working with swallowing disorders. Bicester, Oxon.

Langmore, S.E. (2001): Endoscopic evaluation and treatment of swallowing disorders. New York, Stuttgart.

Langmore, S.E., Schatz, K. & Olsen, N. (1988) Fiberoptic examination of swallowing safety: a new procedure. In: Dysphagia 2, 216-219.

Larsen, G. (1974): Rehabilitation for dysphagia paralytica. In: J Speech Hear Dis 37, 187-193.

Lazzara, G. Lazarus, C. & Logemann, J.A. (1986): Impact of thermal stimulation on the triggering of the swallowing reflex. In: Dysphagia 1, 73-77.

Lenneberg, E.H. (1977): Biologische Grundlagen der Sprache. Frankfurt.

Leopold, N.A. & Kagel, M.C. (1996): Prepharyngeal dysphagia in Parkinson`s disease. In: Dysphagia 11, 14-22.

Leopold, N.A. & Kagel, M.C. (1997): Dysphagia-ingestion or deglutition? A proposed paradigm. In: Dysphagia 12, 202-206.

Liepert, J., Graef, S., Uhde, I. et al. (2000): Training-induced changes of motor cortex representations in stroke patients. In: Acta Neurol Scand 101, 321-326.

Limbrock, G.J., Hesse, A. & Hoyer, H. (1987): Orofaziale Regulationstherapie nach Castillo-Morales bei Kindern mit zerebralen Läsionen. In: Fortschritte Kieferorthopädie 485, 335-339.

Linden, P., Kuhlemeier K.V. & Patterson, C. (1993): The probability of correctly predicting subglottic penetration from clinical observations. In: Dysphagia 8, 170-179.

Logemann, J.A. & Kahrilas, P.J. (1990): Relearning to swallow after stroke – application of maneuvers and indirect biofeedback: A case study. In: Neurology 40, 1136-1138.

Logemann, J.A. (1985): The relationship of speech and swallowing in head and neck surgical patients. In: Seminars in Speech and Language 6, 351-359.

Logemann, J.A. (1993): Manual for the videofluorographic study of swallowing (2nd ed.). Austin, Texas.

Logemann, J.A. (1995): Dysphagia: Evaluation and treatment. In: Folia Phoniatrica Logopaedia 47, 140-164.

Logemann, J.A. (1998): Evaluation and treatment of swallowing disorders (2nd ed.). Austin, Texas.

Logemann, J.A., Boshes, B., Blonsky, R.E. et al. (1977): Speech and swallowing evaluation in the differential diagnosis of neurologic disease. In: Neurologica Neurocirurgia Psiquiatria 18, 71-78.

Logemann, J.A., Kahrilas, P.J., Kobara, M. et al. (1989): The benefit of head rotation on pharyngoesophageal dysphagia. In: Arch Phys Med Rehabil 70, 767-771.

Logemann, J.A., Pauloski, B.R., Colangelo, L. et al. (1995): Effects of a sour bolus on oropharyngeal swallowing measures in patients with neurogenic dysphagia. In: J Speech Hear Res 38, 556-563.

Logemann, J.A., Pauloski, B.R., Rademaker, A.W. et al. (1993): Speech and swallow function after tonsil/base of tongue resection with primary closure. In: J Speech Hear Res 36, 918-926.

Logemann, J.A., Veis, S. & Colangelo, L. (1999): A screening procedure for oropharyngeal dysphagia. In: Dysphagia 14, 44-51.

Lund, J.P. (1991): Mastication and its control by the brainstem. In: Critical Reviews in Oral Biology and Medicine 2, 33-64.

Magendie, F. (1836): Precis elementaire de physiologie. Paris.

Mann, G. & Hankey, G.J. (2001): Initial clinical and demographic predictors of swallowing impairment following acute stroke. In: Dysphagia 16, 208-215.

Mann, G. (2002): MASA- The Mann assessment of swallowing ability. New York.

Mann, G., Hankey, G.J. & Cameron, D. (2000): Swallowing disorders after acute stroke: prevalence and diagnostic accuracy. In: Cerebrovasc Dis 10, 1-22.

Mao, C.C., Coull, B.M., Golper, L.A.C. et al. (1989): Anterior operculucm syndrome. In: Neurology 39, 1169-1172.

Martin, B.J.W. & Corlew, M.M. (1990): The incidence of communication disorders in dysphagic patients. In: J Speech Hear Dis 55, 28-32.

Martin, B.J.W., Logemann, J.A., Shaker, R. et al. (1993): Normal laryngeal valving patterns during three breath holding manoevers: a pilot investigation. In: Dysphagia 8, 11-20.

Martin, B.J.W., Logemann, J.A., Shaker, R. et al. (1994): Coordination between respiration and swallowing: Respiratiory phase relationships and temporal integration. In: Journal of Applied Physiology 76, 714-723.

Martin, R.E. & Sessle, B.J. (1993): The role of the cerebral cortex in swallowing. In: Dysphagia 8, 195-202.

Martin, R.E., Goodyear, B.G., Gati, J.S. et al. (2001): Cerebral cortical representation of automatic and volitional swallowing in humans. In: J Neurophysiology 85, 938-950.

Martin, R.E., Murray, G.M., Kemppainen, P. et al. (1997): Functional properties of neurons in the primate tongue primary motor cortex during swallowing. In: J Neurophysiology 78, 1516-1530.

Mauritz, K.H. & Wise S.P. (1986): Promotor cortex of the rhesus monkey: neuronal activity in anticipation of environmental events. In: Exp Brain Res 61, 229-244.

Mayer, K. & Wiechers, R. (1993): Zur Epidemiologie der Hirnverletzungen und Hirngefäßerkrankungen. In: von Wild, K. Spektrum der Neurorehabilitation. München.

McConnel, F.M.S., Cerenko, D. & Mendelsohn, M.S. (1989): Analyse des Schluckaktes mit Hilfe der Manofluorographie. In: Extracta Otothinolartyngologica 11, 165-171.

McCullough, G.H., Wertz, R.T., Rosenbek, J.C. et al. (2000): Inter- and intrajudge reliability of a clinical examination of swallowing in adults. In: Dysphagia 15, 58-67.

McNeilage,P.F. (1998): The frame/content theory of evolution of speech production. In: Behav Brain Sci 21, 499-511.

McNeilage, P.F. & Davis, B.L. (2000): On the origin of internal structure of word forms. In: Science 288, 527-531.

Meadows, J.C. (1973): Dysphagia in unilateral cerebral lesions. In: J Neurol Neurosurg Psychiatry 36, 853-860.

Miller, A.J. (1993): The search for the central swallowing pathway: the quest for clarity. In: Dysphagia 8, 185-194.

Miller, A.J. (1999): The neuroscientific principles of swallowing and dysphagia. San Diego, London.

Miller, R.M. (1997): Clinical examination for swallowing. In: Groher, M.E. (ed.): Dysphagia (2nd ed.). Boston, Oxford, Johannesburg, 169-189.

Moore, C.A. & Ruark, J.L. (1996): Does speech emerge from earlier appearing oral motor behaviors? In: J Speech Hear Res 39, 1034-1047.

Moore, C.A., Smith, A. & Ringel, R.L. (1988): Task-specific organization of activity in human jaw muscles. In: J Speech Hear Res 31, 670-680.

Morales, C. (1998): Die Orofaziale Regulationstherapie (2. Aufl.). München, Bad Kissingen, Berlin, Düsseldorf, Heidelberg.

Morris, S.E. & Klein, M.D. (1995): Mund- und Esstherapie bei Kindern. Stuttgart, Jena, New York.

Mountcastle, V.B. (1997): The columnar organization of the neocortex. In: Brain 120, 701-722.

Murray, J. (1999): Manual of dysphagia assessment in adults. San Diego, London.

Murry, T. & Carrau R.L. (2001): Clinical manual for swallowing disorders. San Diego.

Musso, M., Weiller, C., Kiebel, S. et al. (1999). In: Brain 122, 1781-1790.

Netter, F.H. (2001): Neurologie. Stuttgart, New York.

Neumann, S. (1999): Physiologie des Schluckvorganges. In: Bartolome, G. et al.: Schluckstörungen – Diagnostik und Rehabilitation (2. Aufl.). München, Jena, 12-26.

Neumann, S., Bartolome, G., Buchholz, D. et al. (1995): Swallowing therapy of neurologic patients: correlation of outcome with pretreatment variables and therapeutic methods. In Dysphagia 10: 1-5.

Nilsson, H., Ekberg, O., Olsson, R. et al. (1998):Dysphagia in stroke : a prospective study of quantitative aspects of swallowing in dysphagic patients. In: Dysphagia 13, 32-38.

Nusser-Müller-Busch, R. (2001): Therapie neurogener Schluckstörungen. In: Böhme, G. (Hrsg.): Sprach-, Sprech-, Stimmstörungen. Band 2: Therapie (3. Aufl.). München, Jena, 374-385.

Ohmae, Y., Logemann, J.A., Hanson, D.G. et al. (1996): Effects of two breath-holding maneuvers on oropharyngeal swallow. In: Ann Otol Rhinol Laryngol 105, 123-131.

Palmer, J.B., Rudin, J.N., Lara, G. et al. (1992): Coordination of mastication and swallowing. In: Dysphagia 7, 187-200.

Paulig, M. (2002): Sensomotorische Störungen. In: Prosiegel et al.: Klinische Hirnanatomie. München, Bad Kisssingen, Berlin, Düsseldorf, Heidelberg, 81-101.

Pauloski, B.R., Logemann, J.A., Rademaker, A.W. et al. (1993): Speech and swallow function after anterior tongue and floor of mauith resection with distal flap reconstruction. In: J Speech Hear Res 36, 267-276.

Pauloski, B.R., Logemann, J.A., Rademaker, A.W. et al. (1994): Speech and swallowing function after oral and oropharyngeal resections: one year follow-up. In: Head & Neck 16, 313-322.

Penfield, W. & Rasmussen, T. (1950): The cerebral cortex of man: a clinical study of lokalization of function. New York.

Perkins, R.E., Blanton, P.L. & Biggs, N.L. (1977): Electromyographic analysis of the "buccinator mechanism" in human beings. In: J Dent Res 56, 783-794.

Perlman, A.L. & Christensen, J. (1996): Topography and functional anatomy of the swallowing structures. In: Perlman, A.L. & Schulze-Delrieu, K. (ed.): Deglutition and its disorders. San Diego, London, 15-42.

Perlmann, A.L., Ettema, S.L. & Barkmeier, J. (2000): Respiratory and acoustic signals associated with bolus passage during swallowing. In: Dysphagia 15, 89-94.

Perlmann, A.L., Luschei, E.S. & Du Mond, C.E. (1989): Electrical activity from the superior pharyngeal constrictor during reflexive and nonreflexive tasks. In: J Speech Hear Res 32, 749-754.

Pouderoux, P. & Kahrilas, P.J. (1995): Deglutitive tongue force modulation by volition, volume and viscosity in humans. In: Gastroenterology 108, 1418-1426.

Prosiegel, M. (1999): Sensomotorische Steuerung des Schluckvorganges. In: Bartolome, G. et al.: Schluckstörungen – Diagnostik und Rehabilitation (2. Aufl.). München, Jena, 27-38.

Prosiegel, M. (2002): Neurologie von Schluckstörungen. In: Prosiegel, M. (Hrsg.): Praxisleitfaden Dysphagie. Bad Homburg, 9-46.

Prosiegel, M. (2002a): Störungen der Aufmerksamkeit und des Bewusstseins, Störungen bei thalamischen Läsionen. In: Prosiegel, M. et al.: Klinische Hirnanatomie. München, Bad Kisssingen, Berlin, Düsseldorf, Heidelberg, 120-138.

Prosiegel, M., Heintze, M., ,Wagner-Sonntag, E. et al. (2002): Schluckstörungen bei neurologischen Patienten. Eine prospektive Studie zu Diagnostik, Störungsmustern, Therapie und Outcome. In: Nervenarzt 73, 364-370.

Prosiegel, M., Wagner-Sonntag, E. & Scheicher, M. (1997): Neurogene Schluckstörungen. In: Akt Neurol 24, 194-203.

Rasley, A., Logemann, J.A., Kahrilas, P.J. et al. (1993): Prevention of barium aspiration during videofluoroscopic swallowing studies: value of change in posture. In: Am J Roentgenology 160, 1005-1009.

Reichel, S. (2002): Das PNF- Konzept. Prinzip, Methode, Technik. München, Jena.

Reilly, S., Skuse, D., Mathisen, B. et al. (1995): The objective rating of oral-motor functions during feeding. In: Dysphagia 10, 177-191.

Reimers-Neils, L., Logemann, J.A. & Larson, C. (1994): Viscosity effects on EMG activity in normal swallow. In: Dysphagia 9, 101-106.

Reulen, H.J., Schmid, U.D., Ilmberger, J. et al. (1997): Tumorchirurgie im Sprachkortex in Lokalanästhesie. In: Nervenarzt 68, 813-824.

Robbins, J. A. (1996): Normal swallowing and aging. In: Seminars in Neurology 16, 309-317.

Robbins, J.A & Levine, R.L. (1988): Swallowing after unilateral stroke of the cerebral cortex: preliminary experience. In: Dysphagia 3, 11-17.

Robbins, J.A. (1988): Dysphagia and disorders of speech. In: Handbook of Speech-Language Pathology and Audiology. Toronto, 1040-1057.

Robbins, J.A., Coyle, J., Rosenbek, J. et al. (1999): Differentiation of normal and abnormal airway protection during swallowing using the penetration-aspiration scale. In: Dysphagia 14, 228-232.

Robbins, J.A., Logemann, J.A., Kirschner, H.S. (1986): Swallowing and speech production in Parkinson's disease. In: Ann Neurol 19, 283-287.

Rohen, J.W. (2001): Funktionelle Anatomie des Nervensystems (6. Aufl.). Stuttgart.

Rood, M.S. (1954): Neurophysiological reactions as a basis for physical therapy. In: The Physical Therapy Review 34, 444-449.

Rood, M.S. (1956): Neurophysiological mechanisms utilized in the treatment of neuromuscular dysfunction. In: Am J Occup Ther 10, 220-225.

Rosenbek, J.C., Robbins, J.A., Roecker, E.B. et al. (1996a): A penetration-aspiration scale. In: Dysphagia 11, 93-98.

Rosenbek, J.C., Roecker, E.B., Coyle, J.L. et al. (1996b): Thermal application reduces the duration of stage transition in dysphagia after stroke. In: Dysphagia 11, 225-233.

Rossignol, S. & Dubuc, R. (1994): Spinal pattern generation. In: Current opinion in Neurobiology 4, 894-902.

Rossignol, S., Lund, J.P., & Drew, T. (1988): The role of sensory inputs in regulating pattern of rhythmical movements in higher vertebrates: a comparison between locomotion, respiration, and mastication. In: Cohen, A., Rossignol, S. & Grillner, S. (Eds.): Neurol control of rhythmic movements in vertebrates. New York, 201-283.

Ruark, J.L. & Moore, C.A. (1997): Coordination of lip muscle activity by 2-year-old children during speech and nonspeech tasks. In: J Speech Lang Hear Res 40, 1373-1385.

Sacco, R.L., Freddo, L., Bello, J.A. et al. (1993): Wallenberg's lateral medullary syndrome: clinical-magnetic resonance imaging correlations. Arch Neurol 50, 609-614.

Schröter-Morasch, H. & Bartolome, G. (1999): Anamnesebogen. In: Bartolome, G. et al.: Schluckstörungen – Diagnostik und Rehabilitation (2. Aufl.). München, Jena, 326-333.

Schröter-Morasch, H. (1993): Klinische Untersuchung der am Schluckvorgang beteiligten Organe. In: Bartolome, G. et al.: Diagnostik und Therapie neurologisch bedingter Schluckstörungen. Stuttgart, Jena, New York, 73-101.

Schröter-Morasch, H. (1998): Beurteilung der Sprechorgane und ihrer sensomotorischen Funktionen. In: Ziegler, W. et al.: Dysarthrie – Grundlagen – Diagnsotik –Therapie. Stuttgart, New York, 53-72.

Schröter-Morasch, H. (1999a): Ätiologie und klinische Manifestation von Schluckstörungen. In: Sprache-Stimme-Gehör, 23, 11-15.

Schröter-Morasch, H. (1999b): Neurogene Dysphagien. In: Bigenzahn, W., Denk, D.M.: Oropharyngeale Dysphagien. Stuttgart, New York, 110-119.

Schröter-Morasch, H. (1999c): Klinische Untersuchung des Oropharynx und videoendoskopische Untersuchung der Schluckfunktion. In: Bartolome, G. et al.: Schluckstörungen – Diagnostik und Rehabilitation (2. Aufl.). München, Jena, 111-140.

Schröter-Morasch, H., Bartolome, G., Troppmann, N. et al. (1999): Values and limitations of pharyngolaryngoscopy (transnasal, transoral) in patients with dysphagia. In: Folia Phoniatr Logop 51, 172-182.

Sciortino, K.F, Liss, J.M., Case, J.L. et al. (2003): Effects of mechanical, cold, gustatory, and combined stimulation to the human anterior faucial pillars. In: Dysphagia 18, 16-26.

Shaker, R., Easterling, C., Kern, M. et al. (2002): Rehabilitation of swallow by exercise in tube-fed patients with pharyngeal dysphagia secondary to abnormal UES opening. In: Gastroenterology 122, 1314-1321.

Shaker, R., Kulwinder, S.D., Junlong, R. et al. (2002): Vocal cord closure pressure during volitional swallow and other voluntary tasks. In: Dysphagia 17, 13-18.

Shanahan, T.K., Logemann, J.A., Rademaker, A.W. et al. (1993): Chin down posture effects on aspiration in dysphagic patients. In: Arch Phys Med Rehabil 74, 736-739.

Sharkawi, A.E., Ramig, L., Logemann, J.A. et al. (2002): Swallowing and voice effects of Lee Silvermann Voice Treatment (LSVT®): a pilot study. In: J Neurol Neurosurg Psychiatry 72, 31-36.

Shedd, D., Scatliff, J. & Kirchner, J. (1961): Oral and pharyngeal components of deglutition. In: Archives of Surgery 82, 371-380.

Smith, C.H., Logemann, J.A. & Colangelo, L.A. (1999): Incidence and patient characteristics associated with silent aspiration in the acute care setting. In: Dysphagia 14, 1-7.

Sprengelmeyer, R., Canavan, A.G.M. & Hömberg, V. (1992): Das Cerebellum und konditionelles Lernen. In: Mauritz, K.H. & Hömberg, V. (Hrsg.): Neurologische Rehabilitation 2. Bern, Göttingen, Toronto, Seattle, 65-70.

Stanschus, S. & Seidel, S. (2002): Rehabilitation pharyngealer Schluckstörungen unter Verwendung von Oberflächen-EMG: Fünf Fallstudien. In: Forum Logopädie 16, 6-11.

Stickler, D., Gilmore, R., Rosenbek, J.C. et al. (2003): Dysphagia with bilateral lesions of the insular cortex. In: Dysphagia 18: 179-181.

Stockmeyer, A.S. (1967): An interpretation of Rood to the treatment of neuromuscular dysfunction. In: Am J Phys Med 46, 900-961.

Stroudly, J. & Walsh, M. (1991): Radiological assessment of dysphagia in Parkinson's disease. In: Br J Radiol 64, 890-893.

Sullivan, P.E., Markos, P.D. & Minor, A.D. (1985): PNF- Ein Weg zum therapeutischen Üben. Stuttgart, New York.

Suzuki, M., Asada Y., Ito, J. et al. (2003): Activation of cerebellum and basal ganglia on volitional swallowing detected by functional magnetic resonance imaging. In: Dysphagia 18: 71-77.

Teasell, R.W., McRae, M., Marchuk, Y. et al. (1996): Pneumonia associated with aspiration following stroke. In: Arch Phys Med Rehab 77, 707-709.

Thompson, R.F. (1996): Das Gehirn: Von der Nervenzelle zur Verhaltenssteuerung. Berlin, Dresden, Freiburg.

Timmann, D., Kolb, F.P. & Jüpter, M. (1998): Zur Bedeutung des menschlichen Kleinhirns für motorische Lernvorgänge. In: Akt Neurologie 25, 41-49.

Tsukamoto, Y. (2000): CT study of closure of the hemipharynx with head rotation in case of lateral medullary syndrome. In: Dysphagia 15: 17-18.

Umpathi, T., Venketa-Subramanian, N., Leck, N. et al. (2000): Tongue deviation in acute ischemic stroke: a study of supranuclear 12th cranial nerve palsy in 300 stroke patients. Cerebrovascular diseases 10, 462-465.

Vogel, M. (1998): Die Behandlung der Dysarthrie. In: Ziegler, W. et al.: Dysarthrie, Grundlagen – Diagnostik- Therapie. Stuttgart, New York, 99-132.

Voss, D.E., Jonta, M.K. & Myers, B.J. (1988): Propriozeptive neuromuskuläre Fazilitation, Bewegungsmuster und Techniken (2. Aufl.). Stuttgart, New York.

Vuilleumier, P., Bogousslavsky, J. & Regli, F. (1995): Infarction of the lower brainstem, etiological and MRI-topographical correlations. In: Brain 118, 1013-1025.

Wallace, K.L., Middleton, S. & Cook, I.J. (2000): Development and validation of a self-report symptom inventory to assess the severity of oral-pharyngeal dysphagia. In: Gastroenterology 118, 678-687.

Warms, T. & Richards, J. (2000): "Wet voice" as a predictor of penetration and aspiration in oropharyngeal dysphagia. In: Dysphagia 15, 84-88.

Welch, M.V., Logemann, J.A., Rademaker, A.W. et al. (1993): Changes in pharyngeal dimensions effected by chin tuck. In: Arch Phys Med Rehab 74, 178-181.

Welter, F.L. & Meyer-Königsbuscher, J. (1998): Fazioorale Therapie (FOTT) bei Schädel-Hirn-Erkrankungen. In: Rehabilitation 37, 58-63.

WHO.ICF – International Classification of functioning, disability and health (2001). Verfügbar unter: http://www.dimdi.de/de/klassi/ICF/index.html [17.9.2003]

Wiesendanger, M., Macpherson, J., Hummelsheim, H. et al. (1987): Die Doppelfunktion des supplemantär-motorischen Cortex. In: Pflügers Archiv 408, 1-18.

Wildgruber, D., Ackermann, H., Klose, U. et al. (1996): Functional lateralization of speech production at primary motor cortex: a fMRI study. In: Neuroreport 7, 2791-2795.

Winstein, C.J. (1983): Neurogenic dysphagia: frequency, progression, and outcome in adults following head injury. In: Physical Therapy 68, 1992-1997.

Wohlert, A.B. & Larson, C.R. (1991): Cerebral averaged potentials preceding oral movement. In: J Speech Hear Res 34, 1387-1396.

Wuttge-Hannig, A. & Hannig, C. (1991): Die Physiologie des Schluckaktes. In: Therap. Umschau 48, 144-149.

Wuttge-Hannig, A. & Hannig, C. (2002): Radiologische Untersuchung des Schluckens – Videofluoroskopie. In: Prosiegel, M. (Hrsg.): Praxisleitfaden Dysphagie. Bad Homburg, 81-88.

Yorkston, K.M., Hansinger, M.J., Mitsuda, P.M., Hammen, V. (1989): The relationship between speech and swallowing disorders in head injured patients. In: J Head Traum Rehabil 4, 1-16.

Zald, D.H. & Pardo, J.V. (1999): The functional neuroanatomy of voluntary swallowing. In: Ann Neurol 46, 281-286.

Ziegler, W. (1998): Zentrale Kontrolle der Sprechmotorik. In: Forum Logopädie 1, 5-9.

Ziegler, W. (2003a): Speech motor control is task-specific: Evidence from dysarthria and apraxia of speech. In: Aphasiology 17, 3-36.

Ziegler, W. (2003b): To speak or not to speak: Distinctions between speech and non speech motor control. In: Aphasiology 17, 99-105.

Tabellenverzeichnis

Abbildungsverzeichnis

www.ingramcontent.com/pod-product-compliance
Lightning Source LLC
Chambersburg PA
CBHW022321280326
41932CB00010B/1182